国家职业技能等级认定培训教程

职业指导师

（四级 职业咨询协理）

编审委员会

主　任	吴礼舵	张　斌			
副主任	刘文彬	葛　玮			
委　员	葛恒双	赵　欢	王小兵	张灵芝	刘永澎
	吕红文	张晓燕	贾成千	高　文	瞿伟洁

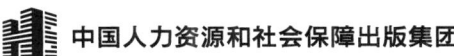
中国人力资源和社会保障出版集团

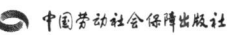 中国劳动社会保障出版社　 中国人事出版社

图书在版编目(CIP)数据

职业指导师：四级　职业咨询协理／中国就业培训技术指导中心，中国就业促进会组织编写． -- 北京：中国劳动社会保障出版社：中国人事出版社，2023

国家职业技能等级认定培训教程

ISBN 978-7-5167-5677-5

Ⅰ．①职…　Ⅱ．①中…②中…　Ⅲ．①职业选择－咨询服务－职业技能－鉴定－教材　Ⅳ．①C913.2

中国版本图书馆 CIP 数据核字（2022）第 222820 号

中国劳动社会保障出版社
中国人事出版社 出版发行

（北京市惠新东街 1 号　邮政编码：100029）

*

北京市科星印刷有限责任公司印刷装订　　新华书店经销

787 毫米 ×1092 毫米　16 开本　12.75 印张　208 千字
2023 年 1 月第 1 版　　2024 年 8 月第 2 次印刷
定价：36.00 元

营销中心电话：400-606-6496
出版社网址：http://www.class.com.cn

版权专有　　侵权必究

如有印装差错，请与本社联系调换：（010）81211666

我社将与版权执法机关配合，大力打击盗印、销售和使用盗版图书活动，敬请广大读者协助举报，经查实将给予举报者奖励。

举报电话：（010）64954652

国家职业技能等级认定培训教程·职业指导师编审委员会

主　任　张小建
副主任　柏　莉　王　颖　田光哲
委　员　张裕佳　黄景容　李燕萍　胡珍剑　黄　蕾
　　　　晏才清　宋晶梅　苏　颖

编审人员

主　审　田光哲　柏　莉
主　编　胡珍剑
编　者　晏才清　韦　嘉　何家驹　吴　云　陈　健

前　　言

党的二十大报告提出了促进高质量充分就业的新要求，为实现这一目标任务，必须按照国家"十四五"就业促进规划进一步健全公共就业服务标准体系。职业指导师是公共就业服务的重要组成部分，在帮助劳动者求职就业、稳定就业，指导用人单位招聘用人方面具有重要作用。为推进职业指导工作的专业化、规范化，加强职业指导人员队伍建设，提升职业指导工作者的业务素质，帮助他们学习掌握职业指导的专业知识和技能方法，达到新时期职业技能等级认定的新标准，中国就业培训技术指导中心与中国就业促进会组织有关专家在《职业指导师国家职业标准》（以下简称《标准》）制定工作基础上，组织编写了职业指导师国家职业技能等级认定培训教程。

本套教程共包括《职业指导师（基础知识）》《职业指导师（四级　职业咨询协理）》《职业指导师（三级　助理职业指导师）》《职业指导师（二级　职业指导师）》《职业指导师（一级　高级职业指导师）》5本。内容涵盖《标准》要求的职业指导人员应掌握的基础知识和各等级职业指导人员应具备的技能要求和专业知识要求。

本套教程是职业技能等级认定推荐教材，也是职业技能等级认定题库开发的重要依据，适用于职业指导师职业技能等级认定培训和中短期职业技能培训。

对于在本套教程编写过程中有关单位的大力协助和支持，特别是陈保家、顾珂、许可林、宋瑞、孙炯、张号全等同志在提供大量素材方面所做的贡献，在此一并表示衷心感谢。

中国就业培训技术指导中心
中国就业促进会

目 录 CONTENTS

职业模块1　前台咨询服务 ……………………………………………………… 1

　培训课程1　政策咨询 …………………………………………………………… 3

　　学习单元1　在服务场所提供现场政策咨询 ………………………………… 3

　　学习单元2　在公共场所开展政策宣传活动 ………………………………… 7

　　学习单元3　筹备上门座谈咨询服务 ………………………………………… 13

　　学习单元4　指导服务对象进行自助查询 …………………………………… 17

　培训课程2　业务咨询 …………………………………………………………… 21

　　学习单元1　提供业务及办事指南咨询 ……………………………………… 21

　　学习单元2　应用网络平台提供咨询服务 …………………………………… 38

　　学习单元3　通过热线提供咨询服务 ………………………………………… 41

　　学习单元4　指导服务对象自助查询人事档案及社会保险业务 …………… 47

职业模块2　信息采集与发布 …………………………………………………… 53

　培训课程1　信息采集 …………………………………………………………… 55

　　学习单元1　图文和音视频等信息的采集 …………………………………… 55

　　学习单元2　收集和整理服务对象反馈的信息 ……………………………… 63

　培训课程2　应用和维护信息库 ………………………………………………… 69

　　学习单元1　信息系统和信息库的应用 ……………………………………… 69

　　学习单元2　汇总、整理和输入供求信息 …………………………………… 74

　　学习单元3　信息库维护及安全管理 ………………………………………… 80

　培训课程3　电子屏发布 ………………………………………………………… 88

　　学习单元1　适时发布图文及音视频信息 …………………………………… 88

　　学习单元2　优化发布效果 …………………………………………………… 97

　培训课程4　触摸屏发布 ………………………………………………………… 105

　　学习单元　指导服务对象进行自助求职 …………………………………… 105

　培训课程5　信息栏发布 ………………………………………………………… 116

学习单元1　动态更新信息内容……………………………………………… 116
　　学习单元2　信息栏规划设计………………………………………………… 124

职业模块3　职业介绍服务……………………………………………………… 129

培训课程1　求职登记…………………………………………………………… 131
　　学习单元1　提供求职登记服务……………………………………………… 131
　　学习单元2　指导求职人员参与求职招聘…………………………………… 139

培训课程2　招聘登记…………………………………………………………… 144
　　学习单元1　提供招聘登记流程引导服务…………………………………… 144
　　学习单元2　指导用人单位登记招聘信息…………………………………… 151
　　学习单元3　招聘材料归档与信息发布……………………………………… 157

培训课程3　推荐介绍…………………………………………………………… 162
　　学习单元1　提供一般性岗位推介服务……………………………………… 162
　　学习单元2　为灵活就业人员和技术技能人才提供岗位推介服务………… 165
　　学习单元3　指导服务对象实现人-职自助匹配……………………………… 170
　　学习单元4　为用人单位提供人力资源推介服务…………………………… 171

培训课程4　就业通用能力训练推介…………………………………………… 176
　　学习单元　就业通用能力的宣传与介绍……………………………………… 176

培训课程5　劳务输入输出服务………………………………………………… 185
　　学习单元1　为劳务输入输出双方提供咨询服务…………………………… 185
　　学习单元2　为服务对象办理劳务输入输出手续…………………………… 188
　　学习单元3　为服务对象提供劳务输入输出指导…………………………… 192

职业模块 ❶
前台咨询服务

培训课程 1 政策咨询

学习目标

1. 能在服务场所提供政策咨询。
2. 能在公共场所开展政策宣传活动。
3. 能筹备上门座谈咨询服务。
4. 能指导服务对象自助查询就业政策、人事档案管理及社会保险相关事项。

学习单元1　在服务场所提供现场政策咨询

一、咨询台（窗口）的设置

1. 配置设备

（1）基础设备。政策咨询台（窗口）应配备办公、服务所需的基础设备。例如计算机、打（复）印机、桌椅、电话、文具、文件柜、资料陈列架等。

（2）信息化设备。有条件的地方可以在政策咨询台（窗口）设立显示屏、自助查询终端机等信息化设备。

2. 建立工作制度

咨询台（窗口）应当建立各项服务流程及管理制度，健全首位（问）责任、限时办结、一次性告知、监督投诉和绩效考核等工作制度。在服务场所主动进行公示，自觉接受服务对象监督。

3. 配备工作人员

咨询台（窗口）应当配备充足的工作人员，能够全时全程开展专业服务。有条件的地区可安排2人及以上的专人开展政策咨询和业务咨询服务。

二、现场政策咨询的原则与要求

1. 工作原则

（1）礼节礼貌。职业指导工作者在服务过程中要积极、主动、热情，讲究基本的礼仪、礼貌，让对方感到亲切和值得信赖，缓解服务对象的紧张情绪。

（2）态度诚恳。职业指导工作者在提供政策咨询服务时要认真倾听，回答服务对象所提问题时要态度诚恳，急之所急，帮之所需。对于非业务范围内的问题，要告知服务对象进一步咨询的途径。

（3）准确严谨。国家法律法规和政策是开展工作的依据和准绳。因此，职业指导工作者要依据国家法律法规和政策解答问题，语言表达也要力求准确严谨。

（4）咨询与宣传相结合。在提供政策咨询服务时，既会遇到政策咨询问题，也会遇到思想认识问题。职业指导工作者既要按政策做好解答，又要将宣传教育融于其中，帮助服务对象了解政策、消除疑虑。

（5）讲究时效。解答服务对象所提问题要及时，对把握不准的问题要进一步查询相关政策，并尽快将结果反馈给服务对象。

2. 工作要求

（1）掌握涉及的相关政策。这是提供政策咨询服务的首要要求。服务对象所咨询的内容涉及面广、政策性强，如果职业指导工作者在提供政策咨询服务时不熟悉当前的政策，就无法开展工作。因此，职业指导工作者必须了解人力资源和社会保障有关法律法规知识，掌握当前的就业创业政策、社会保险政策、退休人员社会化管理政策等，熟悉就业服务、各项补贴办理和社会保险服务的工作流程。

（2）准确把握服务对象所询问的内容。职业指导工作者在提供政策咨询服务时，经常会遇到以下情况：服务对象对人力资源和社会保障政策不理解，对事情经过描述不清楚，对业务办理流程不熟悉，导致所表达出的咨询内容与服务对象的真实情况可能会有一定的偏差。因此，职业指导工作者要在认真听完服务对象的叙述后，准确把握服务对象的来意，简明扼要地提炼出服务对象所咨询内容的关键问题，然后再提供政策咨询服务。

（3）有针对性地解答服务对象所提出的问题。根据服务对象所提出的问题，职业指导工作者要充分运用当前政策，做出针对性的解答。同时，对涉及的相关政策规定给予说明解释，逐一列举服务对象可享受的相关扶持政策，详细告知相关事务的办理流程和要求，为服务对象提供有效建议，做好参谋。

（4）解答既要力求通俗易懂又要注重互动交流。职业指导工作者在回答服务对象所提问题时，要条理清晰，明确解答，表达尽量口语化、通俗易懂。同时要注重与服务对象的互动交流，确认服务对象能够理解解答内容并消除了心中的疑惑，避免滔滔不绝地讲解灌输，使用过多的专业术语，让服务对象难以理解。

（5）待人态度诚恳，努力建立互信。职业指导工作者要时刻关注服务对象的情绪，接待热情，服务周到，态度诚恳，耐心细致。同时，职业指导工作者还要努力与服务对象建立互信，尊重其个人隐私、生活习惯、民族禁忌和风俗，避免沟通交流的不畅。

三、现场咨询的主要方法

1. 口头政策咨询服务

口头政策咨询服务是指服务对象来到服务窗口或政策咨询台（窗口）进行面对面的咨询时，职业指导工作者能够运用当前政策准确地给予口头解答。这种方式主要用于服务对象所提出的问题较为简单，引用标准化的说明就可以让服务对象明白的情景。

2. 书面政策咨询服务

书面政策咨询服务是指服务对象以书信或电子邮件的方式提出问题时，职业指导工作者同样需要以书信或电子邮件的方式给予解答。这种方式主要用于服务对象所提出的问题较为复杂，用口语方式解答不清楚或者只有用书面方式解答服务对象较为合适的情景。

3. 网上咨询服务

网上咨询服务是指对一些共同的问题通过互联网、触摸屏等方式引用标准化的政策说明进行解答。

4. 宣传窗（栏）服务

宣传窗（栏）服务是指在公共就业服务大厅或街道（乡镇）、社区（村）相对集中的场所设立宣传窗（栏），宣传有关政策法规。

5. 宣传资料发放

宣传资料发放是指将相关政策印制成宣传手册或宣传单，在公共就业服务大厅或街道（乡镇）、社区（村）相对集中的场所、招聘活动现场或深入企业、居民小区发放。

四、编发政策读本

职业指导工作者在咨询台（窗口）等咨询场所服务时，要充分利用这个平台宣传国家、地方相关的政策。其中向咨询对象提供政策读本（或"口袋书"）是一种通用方式。其内容需要精心挑选和编印。其基本原则，一是要针对性强，一本讲一个政策，包括政策内容、扶持对象、享受条件、办理流程等，使服务对象可按其所需查阅，对相关政策一目了然；二是要通俗易懂，将国家和地方政策文件梳理成简单明了的目录及文字，使服务对象看得懂、记得清，还能口口相传。

某市公共就业服务中心《就业创业政策》"口袋书"政策目录

1. 就业促进类

    1.1　就业困难人员

    1.2　高校毕业生

    1.3　化解产能过剩的企业职工

    1.4　禁捕退捕渔民

2. 用工保障类

    2.1　跨地区劳务协作机制

    2.2　"八个一"专项行动

    2.3　重点企业用工保障

    2.4　就业补贴

    2.5　交通补贴

3. 技能提升类

    3.1　企业职工培训

3.2 重点群体技能提升培训

3.3 企业新型学徒制培训

4. 支持创业类

4.1 创业对象扶持

4.2 孵化基地扶持

5. 失业保险类

5.1 个人失业保险待遇

5.2 企业稳岗返还

5.3 职业介绍和职业培训补贴

6. 人力资源类

6.1 产业园

6.2 机构服务

6.3 行业发展

7. 家庭服务类

7.1 特岗补贴

7.2 社保补贴

7.3 专项技能免费培训

7.4 市级家政业实训基地奖励

随着手机等移动通信工具的普遍使用，可以大幅减少甚至不用纸质印刷品。职业指导工作者将相关政策编辑好，可以通过公众号、微信群等渠道直接"打包"转发给咨询对象。

学习单元2　在公共场所开展政策宣传活动

一、政策宣传的基本原则

1. 准确性原则

准确性原则需要把握两个方面的内容，一是坚持正确的导向，让服务对象感受到党和政府的关心以及就业创业的导向;二是职业指导工作者必须吃透政策精神、理解政策实质、把握政策落实要求,面对服务对象时,要做到传达准确无误、介绍不出现偏差、解读不产生误会。

2. 针对性原则

职业指导工作者开展政策宣传时,要根据宣传对象的具体情况,并有针对性地进行重点政策的宣传。如面对失业人员,若采取直接宣读政策条款的方式,服务对象一般难以理解,所以要站在对方的立场,以服务对象的急需为重点,采取服务对象更容易听得懂的方式进行政策宣传。

3. 多样性原则

要丰富政策宣传的内容,避免纯文字信息给服务对象带来枯燥感,失去阅读的兴趣。宣传手册可以增加图片、示例等,增强可读性;有宣传视频的,可以通过播放小视频等方式增强可视性。

二、开展政策宣传活动的步骤

1. 制订宣传方案

(1)明确活动主题。首先,明确指导思想,说明活动主题和目的,文字上要言简意赅、高度概括。其次,确定标题,即给宣传、咨询活动起名称。标题一般由三个因素组成,即组织者、内容、形式(或载体),如"振兴街道《就业促进法》宣传月活动",其中"振兴街道"是组织者,《就业促进法》是内容,"宣传月活动"是形式。

(2)确定活动形式。活动形式是内容的载体,根据活动内容选用适当形式。例如,大型集会宣传活动、就业政策进校园专题活动、疫情防控期间政策宣传视频发布活动等,要根据具体条件、实际情况和内容确定适合活动的宣传形式,力求获得更好实效,避免走过场。

(3)明确活动内容。活动内容主要是指活动的项目、宣传重点和主要议程。要围绕主题突出重点,避免空泛不实。

(4)安排时间和地点。活动的时间安排,上级有要求的,要按照统一时间安排;自行组织或联合举办的,根据宣传、咨询活动的内容和形式,结合实际情况加以确定,并明确起止时间。选择地点时,首先要考虑宣传、咨询活动的规模和人数,其次要考虑活动地点交通是否便利、设施设备是否能满足活动内容和形式的需要。如果是室外活动,还要考虑天气对组织活动的影响。

（5）落实责任分工。策划、组织宣传、咨询活动涉及的工作环节较多，如宣传材料的编写、印刷、发放，参加活动单位的邀请、安排、落实，上级领导参加活动的接待，新闻媒体采访，宣传、咨询活动信息的发布，后勤保障服务，现场安全保卫，活动情况的汇总、总结等，各相关环节都要考虑周密，明确分工，专人负责。

（6）编制经费预算。组织宣传、咨询活动，制作标语、展板、工作人员标牌，印发宣传材料，场地租用等都需要一定经费，应本着节俭的原则在策划活动时编制出经费预算，并按规定程序报批执行。

下面，以××人力资源和社会保障局制订的"就业创业政策宣传月"活动方案（摘录）为例，介绍活动方案的基本形式。

"就业创业政策宣传月"活动方案（摘录）

局直属单位，各镇劳动保障事务所、村（社区）劳务保障工作站：

……（活动主题和目的）

一、活动时间

××年×月

二、活动主题

就业帮扶进万家，创业助推惠民生

三、活动内容

宣传出台的促进就业创业政策，特别是直接面向用人单位及高校毕业生、登记失业人员、就业困难人员等重点群体的就业政策。包括鼓励企业吸纳就业、支持劳动者自主创业、促进高校毕业生就业、就业援助、职业培训和就业服务等政策。

四、活动方式

（一）做好日常宣传。创新宣传手段和方式，更加注重分类宣传、网上宣传、协同宣传，形成政策宣传广覆盖、长效化、不间断的有效机制。

1. 编印宣传材料。
2. 开设网上专栏。

3. 用好服务热线。

4. 充分运用新媒体。

5. 加大服务窗口宣传。

6. 推送政策短信。

7. 强化政策培训。

8. 强化公益宣传。

（二）实施集中宣传。在全县范围内集中开展"就业创业政策宣传月"活动，使政策宣传形成声势。通过进企业、进社区、进家庭现场咨询等方式，集中向社会发布活动安排，介绍相关就业政策，扩大宣传活动的影响和效果。

1. 集中发放材料。

2. 开展政策宣讲。

3. 开展流动宣传。

4. 广泛推送短信。

五、工作要求

（一）高度重视，精心组织。

（二）创新举措，务求实效。

（三）加强调度，强化督查。

（四）认真总结，报送情况。

2. 进行实地查看

必须对组织活动的场地进行实地查看，做到心中有数、有备无患。实地查看包括以下内容：

（1）场所面积、设施设备（包括电源、桌椅、卫生间、车辆停放场地等）、交通等条件能否达到活动规模、形式、内容的要求。

（2）根据场所具体情况确定活动标题、标语悬挂的位置以及展牌的放置。划分出活动区域，如招聘区、政策咨询服务区、创业项目展示区等。同时要安排好参加活动的单位，宣传、咨询服务，项目展示等具体的摊位。必要时，应画出示意图，发给参加活动的单位和个人，以便对号入座。

（3）如有上级领导参加活动，要安排好领导在现场活动的内容和路线。

（4）落实安全保障措施，如果组织大型活动，应考虑安排医护人员。

3. 做好部门协同

组织宣传、咨询活动往往涉及几个部门，有的还涉及外单位，需要协调调度。协调调度的方式有打电话联系、送文件征求意见、上门商谈、组织协商、牵头召集会议通报情况或座谈等，务求各有关部门和单位能够相互支持和理解，取得一致意见，把事情办妥。协调调度的结果应及时向主管领导汇报，必要时应请主管领导出面协调调度。

三、在公共场所开展宣传工作的要求

1. 进行现场调度

宣传咨询活动开始前，工作人员务必提前进场，按各自分工进行现场安排和调度，按照预定方案一一落实，稳步推进。遇有突发情况要沉着冷静，及时疏导解决。

2. 进行情况汇总

汇总方式有以下三种：

（1）重大宣传、咨询活动可以采用活动结束后召集有关人员开会的方式共同汇总。

（2）较大规模宣传、咨询活动可以采用统计调度的方式汇总活动情况。

（3）小规模和宣传、咨询内容较单一的活动可以采用由负责情况汇总的工作人员调度的方式汇总。

3. 进行活动总结

活动结束后要形成书面总结向上级有关部门报告，同时将活动的有关资料收集齐全，整理后同总结一并归档。

小贴士

> 职业指导工作者要加强对各项人力资源和社会保障政策及服务方式的宣传，特别是针对特殊人群的关爱政策，要让群众知晓到哪儿办、怎么办、找谁办。采取有助于特殊人群了解信息的图文、视频、音频等方式开展宣传，必要时提供上门宣传和面对面的指导服务措施，加强对智能化服务运用及防骗知识的科普宣传，让群众敢用、能用、会用智能技术。

 **相关链接**

关于开展就业政策落实服务落地专项行动的通知
（人社部函〔2019〕77号）（摘录）

一、总体要求

深入实施就业优先政策，坚持统筹兼顾和重点帮扶相结合，坚持政策力度和服务温度相协调，坚持监督约束和表扬激励相统一，把政策落实服务落地贯彻到就业工作全过程，锐意进取、勇于作为，真抓实干、埋头苦干，切实提升就业政策知晓度、落实率，提升就业服务满意度、实效性，不断增强人民群众获得感、幸福感和安全感，确保就业目标任务圆满完成，确保就业局势持续稳定。

二、活动主题

不忘初心系民生，勇担使命促就业。

三、主要内容

（一）公布政策服务清单。各地要全面梳理就业创业政策和服务项目，形成政策清单、服务清单和经办机构清单并公开发布。

（二）创新政策推介方式。要统筹谋划系列政策推介活动，打包就业政策服务，广泛开展进校园、进企业、进基地、进村居活动。要紧贴不同劳动者和用人单位需求，采取发放宣传资料、政策宣讲、互动解答等方式，提高政策推介的针对性。要注重利用互联网信息技术，加大政策宣传强度。

（三）突出重点群体帮扶。要聚焦高校毕业生、农民工、下岗失业人员、就业困难人员等重点群体，认真落实职业培训补贴、就业见习补贴、求职创业补贴、社会保险补贴、创业担保贷款、税收优惠等政策，稳定重点群体就业。要扎实推进离校未就业高校毕业生、建档立卡贫困劳动力、去产能职工等实名管理服务，完善跟踪帮扶机制。对就业援助对象实施优先扶持和重点帮助，制订个性化援助计划，跟踪解决就业过程中的困难和问题。

（四）加大招聘专项活动力度。要按照"月月有招聘活动，时时有就业服务"的要求，认真组织全国统一的公共就业服务专项活动，搭建人力资源供需对接平台。要面向民营企业、小微企业、重点群体，加大就业服务专项招聘活动的力度和频次，提高人岗对接的效率。对受外部环境和结构调整影响的重点企业，建立专人对接机制，组织专场招聘；对其中的下岗失业人员，开展专门招聘活动，努力帮助其尽快实现再就业。

（五）提升群众就业满意度。持续推进"减证便民"行动，简化优化补贴申领、就业服务流程，清理各类无谓证明，打造群众满意的公共就业服务。要进一步压缩办理时限，由各地根据实际情况按最大限度减少审核时间的原则做出规定。

（六）开展评估和调研。要密切跟踪就业政策落实服务落地实施情况，及时发现问题、分析原因、研究解决。要深入开展调查研究，认真听取劳动者、用人单位和基层干部对政策落实服务落地的意见建议，在工作中认真吸收采纳。

学习单元 3　筹备上门座谈咨询服务

上门座谈咨询服务主要是指对个人、学校或企业等服务对象提供上门政策咨询的服务。

一、上门座谈咨询的基本要求

1. 明确服务对象的诉求

当服务对象咨询的问题相对复杂，通过前台咨询未能有效解决时，需要职业指导工作者开展上门座谈咨询。在开展上门座谈咨询前需要明确服务对象的诉求，即服务对象需要解决的问题是什么，从而有针对性地开展上门座谈咨询服务。

2. 明确上门座谈咨询的目的

职业指导工作者开展上门座谈咨询需要帮助服务对象解决实际问题，但并不是服务对象的所有问题都可以通过上门座谈咨询得到解决。职业指导工作者更多的是运用职业指导的理论和方法引导服务对象自己去探索解决问题的途径，在政策允许的范围内给予扶持。在上门座谈咨询前，职业指导工作者需要明确上门座谈咨询的目的，是进一步收集信息，还是提供解决问题的方案，确定指导服务对象为达到目的将问题解决到什么程度。

3. 熟悉上门座谈咨询的步骤

（1）澄清问题和需求。职业指导工作者在上门座谈咨询过程中首先需要向服务对象澄清需要解决的问题以及服务需求，统一双方的思想，为接下来的座谈咨询奠定基础。

（2）提供初步解决方案。澄清服务对象的问题和需求后，如果问题和需求没有变化，职业指导工作者应向服务对象提供上门座谈咨询前准备的初步解决方案并进行解释和说明。如果问题和需求有变化，职业指导工作者应现场提出解决方案；当时难以解决的，应明确告知服务对象，待与其他职业指导工作者和业务部门沟通后，再主动以其他方式进行答复和指导。

（3）听取反馈。职业指导工作者提出初步的解决方案后，要由服务对象对方案内容进行反馈，才能确定制订的解决方案是否有效。在服务对象反馈过程中，职业指导工作者要详细了解具体情况，找到提出的解决措施存在不足的原因，及时对方案内容进行调整，双方达成一致意见后，促成问题有效地解决。

4. 突发情况的应对处理

（1）不能按时上门。职业指导工作者约定上门座谈咨询后，如遇临时紧急事务需要处理而难以赴约的，应提前与服务对象联系，说明原因，并另行约定上门时间。如遇堵车等情况，导致上门时间延迟的，应及时与服务对象联系，说明情况，视服务对象意愿，或继续开展上门服务，或另行约定上门时间。

（2）无法解答的问题。职业指导工作者开展上门座谈咨询过程中，如果服务对象咨询其他暂时无法解答的问题，应如实告知，属于职责范围内的问题予以详细记录，明确结果后及时回复，或由熟悉此类政策的职业指导工作者进行回复。

二、上门座谈咨询的内容

1. 介绍政策内容

职业指导工作者要向服务对象详细介绍政策内容，如有正式文件、宣传资料，可对照进行介绍，对政策中的相关术语、名词应以通俗易懂的语言进行讲解，只有使服务对象真正理解政策内容，才能达到上门座谈咨询的目的。

2. 明确政策申报要求

在服务对象理解政策内容的基础上，职业指导工作者可以协助服务对象判断他是否符合申报条件，如需提供证明材料，职业指导工作者可以现场对证明材料进行核实。符合条件的，应协助或指导服务对象准备申报材料，并告知申报时间、地点等要求。

3. 告知政策申报程序

告知服务对象政策申报的程序，是即办还是需要进行审核，申请、审核的机构、时限等内容，让服务对象对政策申报办理流程有整体的掌握。

三、上门座谈咨询的筹备

1. 充分沟通问题和需求

职业指导工作者在筹备上门座谈咨询过程中要与服务对象进行充分的沟通，详细了解服务对象的问题和需求，并将问题和需求进行分类，明确哪些是可以指导解决的，哪些是不属于职业指导范围的。对可以指导解决的问题和需求，作为下一步重点研究分析的内容；对不属于服务范围的问题和需求，需要说明原因，有条件的也可提供咨询渠道。

2. 分析问题产生原因

对可以指导解决的问题，职业指导工作者要结合服务对象的实际情况，从服务对象自身、外部环境等角度分析问题产生的原因。如企业招聘用人的问题，是由于企业自身不够重视、缺乏专业的人员等企业自身问题导致的，还是由于地区范围内劳动者供小于求，导致企业招不到人。只有找到问题的症结所在，才能为服务对象提供解决问题的方案。

3. 拟订解决方案

职业指导工作者要围绕可以解决的问题和需求拟订解决方案，对照问题和需求，结合服务对象实际情况以及现有的就业创业服务政策，逐一提出解决措施。要与业务部门对可以提供的政策支持进行沟通，掌握政策要求，在上门座谈咨询过程中给出明确的指导意见。

4. 提前沟通上门事宜

在上门座谈咨询前，要提前与服务对象确定上门时间、地点，并将确定的时间、地点告知参加座谈咨询的其他职业指导工作者，提前联系出行车辆，确保能按照约定时间开展上门座谈咨询服务。

四、注意事项

1. 把握座谈咨询的时间

时间过长，容易使人厌倦，而且影响座谈咨询的效果；时间过短，容易被误认为不重视，流于形式，很难达到预期目的。所以，应把握适度时长，既不可谈话时间过长，也不可仓促结束。

2. 坚持实事求是

座谈咨询的目的是搞清事实真相，深入分析问题并解决问题。因此，要坚持从实际出发，保证座谈咨询内容的真实性和准确性。

3. 力求解决问题

能在现场解决的问题应即时解决，不能现场解决的，留下双方的联系方式，力争在最短的时间内解决。属于政策层面的问题，要及时向上级主管部门汇报，争取完善政策，解决实际问题。

 小贴士

> 对部分人员和企业采取职业指导工作者上门走访，发放宣传材料、面对面座谈的形式，让他们了解就业服务内容、就业扶持政策，接受就业指导，是宣传落实政策、精准指导服务的有效方式。

 案例

××市××区职业指导上门座谈咨询实施方案

一、指导思想

以建设"温暖人社"为指导思想，进一步转变行政管理方式，改进服务作风，加强主动沟通与服务，创新服务方式，为求职困难群众和有关企业多想一点儿、多做一点儿。

二、服务原则

职业指导上门座谈咨询服务遵循服务对象自愿、免费指导的原则，运用职业指导

的理论和方法引导服务对象自己探索解决问题的途径，在政策允许的范围内给予扶持。

三、服务时间

1. 个体上门座谈咨询时间：每个服务对象每次提供上门座谈咨询的时间控制在 60 分钟内。

2. 团体上门座谈咨询时间：在团体情景下提供指导与帮助，每次以半天为宜。

3. 到企业座谈咨询时间：每次以半天为宜，也可设置服务专员"点对点"对企业提供服务和指导。

四、服务对象

咨询问题相对复杂，通过前台咨询未能有效解决，需要职业指导工作者开展上门座谈咨询的群众或单位。

五、服务形式

职业指导专家团队指派职业指导工作者入户、入企业、入社区开展职业指导活动。

六、领导小组及上门座谈咨询职业指导工作者团队

组长：×××

职业指导工作者：×××、×××、××× 等

七、经费保障

设立相应的"职业指导上门座谈咨询"工作专项经费，主要用于提供该服务的职业指导工作者的交通费、劳务费补贴，以及购置相关设备等费用。

八、工作要求

职业指导工作者要以高度的责任感、饱满的热情和娴熟的业务水平开展上门座谈咨询工作，精心准备，保证质量。每次开展上门座谈咨询服务，要准备好宣传资料和工作方案，并做好电子材料的拍照（摄）和存档。

学习单元 4　指导服务对象进行自助查询

一、自助查询的政策内容

自助服务终端系统可以实现的自助查询政策主要包括办事指南、政策法规等内

容。办事指南包括：一是社会保险相关业务的办事指南，如社保缴费、养老待遇等；二是就业创业相关业务办事指南，如就业培训、创业促进、就业援助、失业保险等；三是常见问题的解答。政策法规包括养老保险、工伤保险、失业保险、劳动就业以及城乡居民保险的相关政策法规。职业指导工作者可以指导服务对象通过自助服务终端系统查询相关政策内容。自助服务终端系统的常见设备为自助查询一体机，下面以某就业机构的自助服务终端系统为例，介绍其功能模块，如图1-1所示。

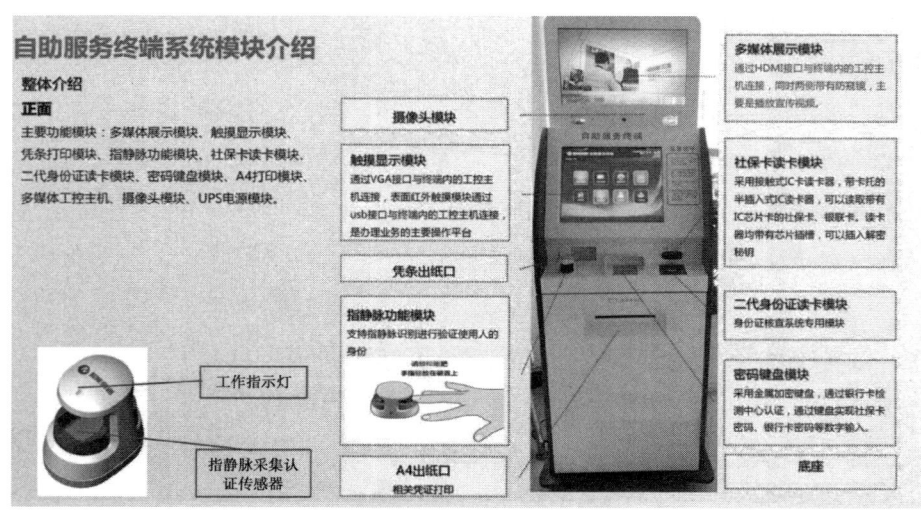

图1-1　自助服务终端系统功能模块介绍

二、自助查询的工作要求

1. 及时更新服务内容

就业政策、人事档案管理及社会保险政策等如果发生变化，应及时更新自助服务终端系统中的相关内容，以便服务对象及时获取最新的信息。

2. 掌握自助查询的服务项目

自助查询一体机的功能较多，在指导服务对象使用前，职业指导工作者应熟悉自助查询一体机操作手册的内容，并掌握每一项服务内容所在的模块位置及查询操作顺序，才能指导和辅助服务对象进行自助查询。以指导失业人员自助查询招聘信息为例，操作步骤如图1-2、图1-3所示。

3. 做好政策申请指引

部分就业政策、人事档案管理及社会保险政策的申请需要满足一些前置条件，如申请认定就业困难人员需先进行失业登记，对不了解政策的服务对象来说，可能不清楚失业登记的办理要求，职业指导工作者要根据实际情况进行指导。服务对象了解政策后，需办理申请的，职业指导工作者要做好指引。能通过自助查询一体机办理的，应进一步做好指导办理工作。如需通过窗口或其他途径办理的，应告知具体办理渠道和地点。

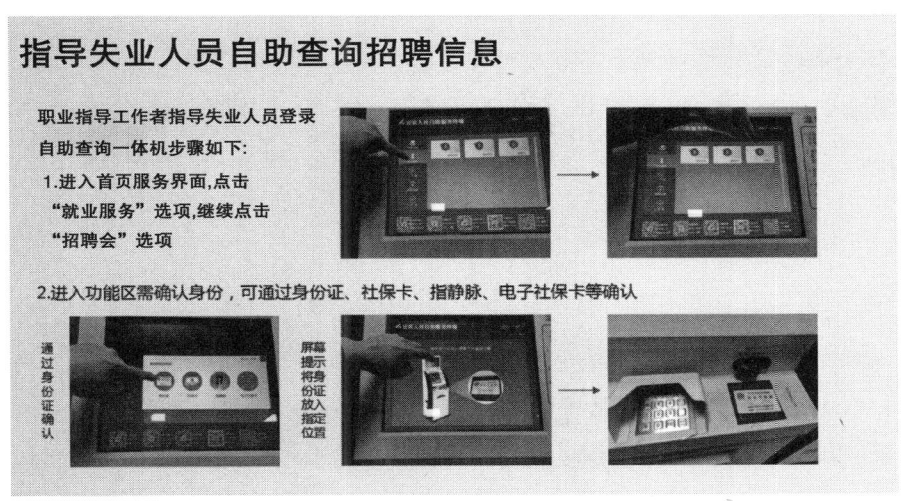

图1-2　指导失业人员自助查询招聘信息（一）

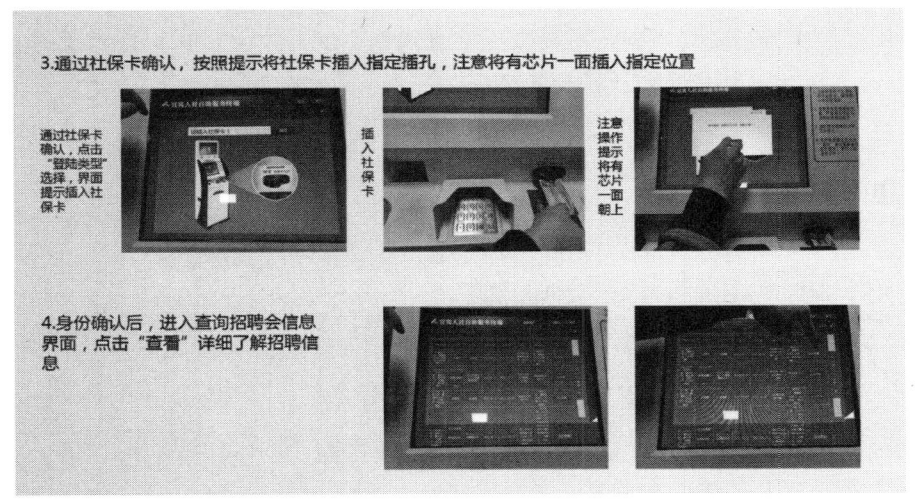

图1-3　指导失业人员自助查询招聘信息（二）

三、注意事项

1. 通过自助查询一体机进行查询时，不需要用户登录。
2. 查询政策的服务对象一般都准备申请享受某项政策，职业指导工作者要做好后续指引。

小贴士

职业指导工作者要引导群众和单位人员利用微信公众号、网站、App等自助查询政策和办理业务。群众对自助查询一体机操作不熟练时，职业指导工作者应在现场进行操作演示，耐心指导，帮助群众完成自助查询。

相关链接

近年来，各级人力资源和社会保障部门不断加强服务引导，发展主动服务，在办事大厅和基层服务平台配备服务引导人员，与群众面对面做好政策解读、服务引导、自助设备操作指导、线上服务操作引导等服务，提供从接待、答疑、受理、办理和反馈的"一站式"服务，对前来服务网点的老年、大龄、残疾、文化及技能水平低等困难群体主动询问所办业务，并按需提供全程引导服务，实实在在地帮助群众解决问题，深受广大人民群众的欢迎。

思考题

1. 简述现场政策咨询的原则。
2. 简述提供政策咨询服务的主要方法。
3. 结合工作实际，试述如何做好政策宣传（讲）活动前的准备。
4. 结合工作实际，试述到公共场所开展宣传工作的要求。
5. 简述上门座谈咨询的基本要求和座谈内容。
6. 结合上门座谈咨询实施方案，试述如何做好上门座谈咨询服务筹备工作。
7. 简述自助查询政策的内容。
8. 结合工作实际，简述如何指导服务对象自助查询政策。

职业模块 1　　前台咨询服务

培训课程 2　业务咨询

学习目标

1. 能提供服务流程、服务内容等相关咨询，并进行必要的公示。
2. 能应用网络平台与服务对象即时互动，提供一般性咨询服务。
3. 能接听就业服务咨询热线，并提供一般性咨询服务。
4. 能指导服务对象自助查询就业服务、人事档案管理及社会保险业务服务等。

学习单元 1　提供业务及办事指南咨询

一、提供业务咨询

1. 一般服务流程

提供业务咨询的一般服务流程主要分为五个步骤：来访接待、问题询问、业务介绍、服务引导、建档留存。

（1）来访接待。职业指导工作者要积极、主动、热情接待来访者。

（2）问题询问。通过简短询问，了解服务对象的咨询意图，澄清其问题。

（3）业务介绍。针对服务对象咨询的问题，职业指导工作者介绍相应的咨询服务项目，包括项目名称、服务对象、解决的问题、办理时间等。

（4）服务引导。根据服务对象选择的服务项目，职业指导工作者要告知所咨询问题的办理流程及受理地点。

（5）建档留存。职业指导工作者通过登记记录或计算机输入的方式，将提供的服务内容及过程进行登记并建立档案，以便今后进一步提供跟踪服务。

2. 申请补贴服务流程

申请补贴服务流程一般要经过申请、审核、公示和支付四个步骤。下面以申请就业创业扶持补贴为例进行介绍。

（1）申请。申请是指符合条件的服务对象向当地人力资源和社会保障部门提出享受政策的申请，申请就业创业扶持政策时需按规定提供相关证明材料。如灵活就业的就业困难人员申请社会保险补贴，需提供就业创业证复印件或毕业证书复印件、灵活就业证明材料、社会保险费征缴机构出具的社会保险缴费明细（账单）、本人的社会保障卡或银行账户等。

（2）审核。人力资源和社会保障部门须事先告知每项政策申办的条件和应提供的资料，在收到服务对象提交的申请后，按照规定对服务对象的条件及资料进行审核，对资料不全的一次性告知需要补充的资料，对审核不符合条件的，须告知服务对象理由。各地可以根据实际需要设置两级或者三级审核，确保资金使用安全，避免一级审核出现错漏。

（3）公示。公示的内容一般包括申请人的基本信息、拟享受的政策、公示时间及监督举报方式等。对在公示期间出现投诉的，应核实相关情况，如不符合条件，应取消申请资格，并向服务对象反馈结果。

（4）支付。公示无异议后，由财政部门或委托人力资源和社会保障部门按规定将补贴资金拨付到服务对象本人的社会保障卡或个人银行账户。

就业见习补贴申领流程见表1-1。

二、业务咨询的服务内容

1. 告知就业扶持相关政策及补贴申领流程

我国现行的就业扶持政策主要包括就业创业服务补贴、职业培训补贴、职业技能鉴定补贴、社会保险补贴、公益性岗位补贴、就业见习补贴、求职创业补贴、失业保险基金支持、参保职工技能提升补贴和稳岗补贴等。申领每项补贴都应该按照规定流程办理。

2. 告知创业扶持相关政策及补贴申领流程

我国现行的创业扶持政策主要包括市场准入、税收减免、行政事业性收费减免、创业担保贷款、一次性创业补贴、创业带动就业补贴、创业基地运营补贴、创业孵化补贴等。申领享受相关政策补贴都应该按照规定流程办理。

表 1-1 就业见习补贴申领流程

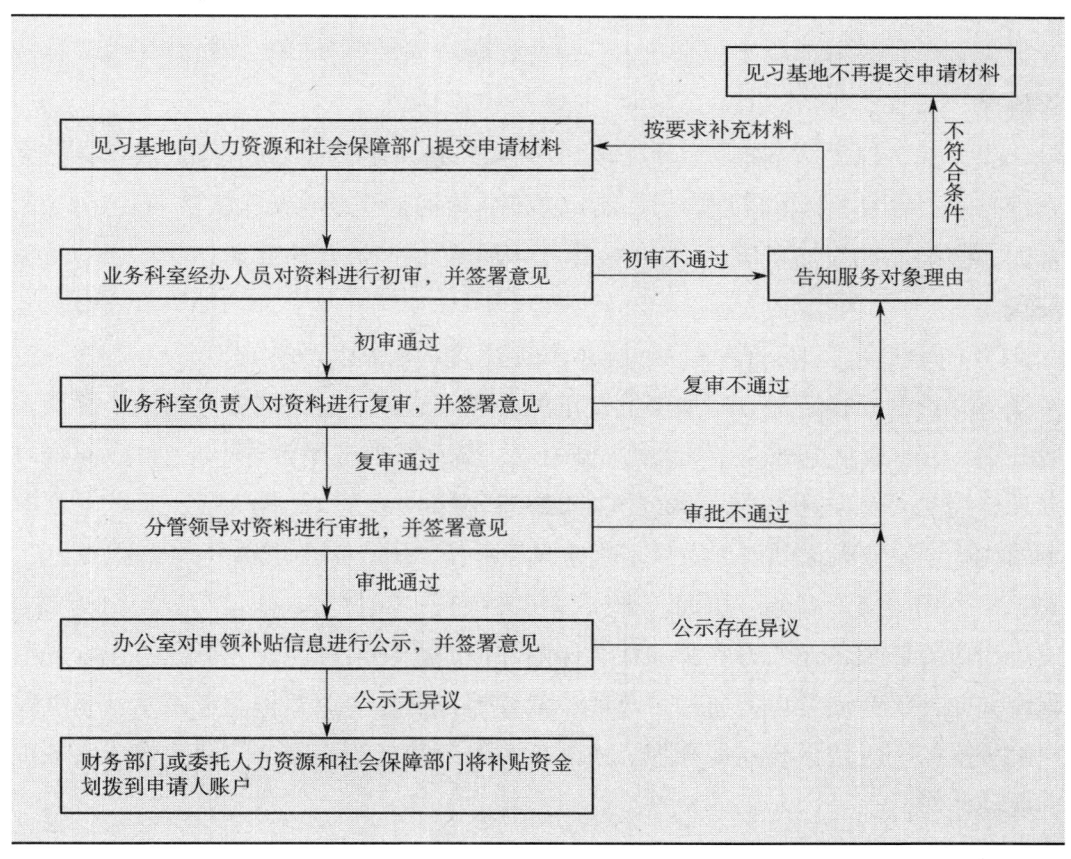

3. 推荐培训项目

根据服务对象需求推荐培训项目，并告知参加培训的具体事宜。

4. 帮助获取就业信息

根据服务对象需求，为求职者提供岗位信息，为用人单位提供人力资源供给信息。职业指导工作者应汇集求职者填写的"求职登记表"和用人单位填写的"空岗、采岗登记表"相关信息，作为开展工作的基础。

5. 提供其他内容咨询服务

为有需求的服务对象提供就业失业登记、劳动保障事务代理、市场工资指导价位信息、就业供求分析信息等服务，并告知办理具体事务的途径。

三、提供办事指南

1. 办事指南的主要内容

（1）事项简述。事项简述是指对经办事务的内容和流程进行简要说明。如失业保险金申领的事项简述，包括享受失业保险待遇的条件、失业保险金申领登记流程等。

（2）基本信息。基本信息包括办理材料、办理方式、办理时限、结果送达、办理时间、收费及标准等内容。在制定办事指南时，应结合政策文件和实际情况，全面、准确地梳理基本信息相关内容，让服务对象能够快速掌握办理事项的相关信息。

（3）办理渠道。办理渠道主要包括线上办理的网站、App、公众号小程序等以及线下办理的机构、地点。如失业登记的办理渠道：一是访问失业登记全国统一服务平台，可以从电脑端登录人力资源社会保障政务服务平台（www.12333.gov.cn）办理；二是可以从手机端下载"掌上12333"App办理；三是从已开通电子社保卡的363个服务渠道办理，如国家政务服务平台、国务院客户端微信小程序，工、农、中、建、交、邮储、招商、平安等各大银行，支付宝、微信、云闪付等App或小程序，以及各地人力资源和社会保障部门、合作银行、政务平台的App或小程序。此外，劳动者也可通过户籍地或常住地提供的失业登记服务网站、手机客户端、微信等应用平台在线办理，或到人力资源和社会保障部门公共就业服务机构现场办理。

（4）咨询查询途径。咨询查询途径包括线上咨询的网站、小程序等网络渠道，电话咨询渠道以及线下咨询渠道。如就业创业证的查询、核验，线上咨询渠道包括人力资源和社会保障部网站、电子社保卡小程序、电子社保卡服务渠道等；电话咨询渠道包括线下服务窗口咨询电话、12333等；线下咨询渠道包括具体经办业务的窗口等。

（5）监督投诉渠道。监督投诉渠道主要是指当地人力资源和社会保障部门公布的监督渠道，部分事项还包括人力资源和社会保障部公布的监督投诉渠道，如全国人力资源和社会保障政务服务平台（www.12333.gov.cn）等。

2. 办事指南示例

为了让大家进一步了解办事指南基本范式，下面以失业登记、技能人员职业资格证书查询两个专项办事指南为例，供大家参考。

（1）失业登记办事指南（见表1-2）。

表1-2　失业登记办事指南[①]

失业登记办事指南
事项简述：申请人可在户籍地、常住地、就业地、参保地任一地点进行失业登记。
一、基本信息 1. 所需材料：本人身份证件或社会保障卡 2. 办理方式：现场、网站、手机App、小程序 3. 办理时限：现场办理，即时办结；线上申请，3个工作日内办结 4. 结果送达：现场办理，当场送达；线上申请，发送办理结果信息或线上查询办理结果 5. 办理时间：现场办理，按照办理地点规定的工作时间；线上申请，全天可办理 6. 收费及标准：免费 二、办理机构及地点 1. 现场办理：申请地（户籍地、常住地、就业地、参保地任一地点，下同）公共就业服务机构或街道（乡镇）、社区（行政村）基层服务平台 2. 线上访问全国人力资源和社会保障政务服务平台（www.12333.gov.cn），"在线服务"—"就业创业"—"失业登记" 3. 申请地人力资源和社会保障政务服务平台、App、小程序、新媒体、网上服务大厅等 4. 掌上12333 App，"服务"—"就业创业"—"失业登记" 5. 12333小程序，"服务"—"就业创业"—"失业登记" 6. 电子社保卡小程序、电子社保卡服务渠道，"全国服务"—"失业登记" 7. 国家政务服务平台，"跨省通办服务专区"—"人力资源和社会保障部栏目"—"失业登记" 三、咨询查询途径 1. 申请地公共就业服务机构工作人员 2. 全国人力资源和社会保障政务服务平台 3. 申请地人力资源和社会保障政务服务平台 4. 掌上12333 App 5. 12333小程序 6. 电子社保卡小程序、电子社保卡服务渠道 四、监督投诉渠道 1. 全国人力资源和社会保障政务服务平台 2. 申请地人力资源和社会保障部门公布的监督渠道

---

①资料来源：全国人力资源和社会保障政务服务平台

（2）技能人员职业资格证书查询（见表1-3）。

表1-3 技能人员职业资格证书查询办事指南

技能人员职业资格证书查询
事项简述：申请人可异地查询本人技能人员职业资格证书信息，不受地域限制。
一、基本信息 1. 所需材料：无 2. 办理方式：网站、手机App、小程序 3. 办理时限：线上即时反馈结果 4. 办理时间：全天 5. 收费及标准：免费 二、办理机构及地点 1. 技能人才评价证书全国联网查询，输入"证书编号""证件名称""姓名"中任意两项 2. 全国人力资源和社会保障政务服务平台（www.12333.gov.cn），"在线服务"—"人才人事"—"技能人员"—"技能人员职业资格证书查询" 3. 掌上12333 App，"服务"—"人才人事"—"技能人员"—"技能人员职业资格证书查询" 4. 12333小程序，"服务"—"人才人事"—"技能人员"—"技能人员职业资格证书查询" 5. 电子社保卡小程序、电子社保卡服务渠道，"服务"—"人才人事"—"技能人员职业资格证书" 6. "人力资源和社会保障部"微信公众号，"服务"—"证书查询"—"技能人员评价证书全国联网查询" 7. 国家政务服务平台，"跨省通办服务专区"—"人力资源和社会保障部栏目"—"技能人员职业资格证书查询、核验" 三、咨询查询途径 1. 技能人才评价证书全国联网查询 2. 电子社保卡小程序、电子社保卡服务渠道 3. 发证地省级人力资源和社会保障部门公布的查询途径 四、监督投诉渠道 1. 监督投诉电话：010-***** 2. 发证地人力资源和社会保障部门公布的监督渠道

四、咨询服务工作要求

1. 落实首问责任制

（1）首问责任人是依照职责第一个现场接待或通过电话、传真等通信网络工具接收服务对象咨询办事的工作人员。首问责任制是指首问责任人要让来访群众方便、快捷地找到经办人员并及时办理事务的制度。对不遵守首问责任制，造成不良影响的工作人员，要予以相应处理。

（2）首问责任人对前来咨询办事的服务对象，应热情接待，认真办理或引导、跟踪办理有关事项，做到首问必答，首问必果。

（3）首问责任人对属于自己职责范围内的承办事项，应按规定及时办理，不能当场办结的应按一次性告知的规定，将申请材料、办理程序和承诺办理时限完整准确地告知服务对象；对不属于自己职责范围内的事项，应向服务对象指明承办窗口或承办人，并做好引导；承办人不在岗或承办人不明确的，首问责任人应代为接收、转交，并负责跟踪、督促办理。

（4）对服务对象咨询办理的事项不明确承办单位或承办人的，首问责任人应对接待事项进行登记，注明服务对象的姓名或单位名称、住址、联系电话、办理事项，所收材料的名称、数量，以及首问责任人、承办人、联系电话、处理情况等相关信息。

（5）首问责任人对不属于自己职责范围内的事项，应向服务对象说明理由，告知该事项的具体负责部门和联系方式，并尽可能给予指导、协助。

2．落实一次性告知制

（1）一次性告知制的概念。一次性告知制是指服务对象咨询办理服务事项时，工作人员应一次性全面准确地告知服务对象所要办理事项的依据、时限、程序、所需的全部资料以及不予办理理由的制度。

（2）告知方式。

1）书面告知。服务对象来窗口办理服务事项，应当使用书面告知的方式，一次性告知内容，提供完整的办事指南。

2）口头告知。服务对象如表示对书面告知的内容有不明白的，职业指导工作者应当面向服务对象口头解释说明。

3）公示告知。通过网站等公示服务事项的申请资料、办理流程、办理时限、收费标准和办理人员，以及需要提供的全部材料的目录、申请示范文本及"一次性告知书"等，方便群众查阅。

（3）告知要求。

1）办事群众咨询服务事项时，职业指导工作者对本部门业务范围内的事项，应一次性告知服务对象办理该事项所需的申报资料、办理流程、办理时限、收费标准等相关内容。对于手续、资料不齐全或不符合法定程序的事项，职业指导工作者应一次性书面告知服务对象需补正的手续和资料，并存档备案；对电话咨询告知的，要做好一次性告知的电话记录；对不属于本部门业务范围内的事项，要主动指引服务对象到相关窗口办理。

2）办理服务事项过程中，应当一次性告知申请人不予受理、退件、不予批准的理由和依据，以及不服上述决定提出申诉、复议或行政诉讼的渠道。

3）窗口工作人员要及时了解和掌握本部门及本行业法律、法规和相关政策，认真履行一次性告知义务。服务事项出现调整或办理程序、申报材料等发生变更时，应当及时告知申请人。

3. 遵守服务规范

职业指导工作者在提供服务时，要坚持以人为本的服务理念，遵守服务规范。职业指导工作者要出于对服务对象的尊重与友好，在服务中注重仪表、仪容、仪态和语言、操作的规范。职业指导工作者要发自内心地、热忱地向服务对象提供主动、周到的服务，从而表现出自身良好的工作作风素养。

五、注意事项

职业指导工作者在答复服务对象提出的问题时，要妥善处理好以下三种特殊情况：

1. 无法准确回答服务对象提出的问题

职业指导工作者无法准确回答服务对象提出的问题时，要向服务对象表示歉意。对属于业务范围内的问题，承诺进一步了解政策后另行解答；对不属于业务范围内的问题，尽可能指导服务对象通过其他途径进行咨询。

2. 服务对象通过电话方式进行咨询

职业指导工作者要将所属机构的服务窗口或政策咨询电话公之于众，平时也要注重通过电话方式解答服务对象咨询的问题。接听服务对象的电话时，要耐心倾听，准确把握咨询工作要求，认真解答。对较为复杂的咨询问题，如不能用简短语言答复的，要向服务对象说明原因，或者告知查询方法、途径，或者约定时间进行面对面答复、上门答复。

3. 服务对象通过书信或网络进行咨询

职业指导工作者要将所属机构政策咨询服务窗口的通信地址、邮政编码、电子邮箱、咨询服务内容公之于众。职业指导工作者要及时查看通信信箱、电子邮箱，查收服务对象的咨询信件，针对服务对象提出的问题予以书面答复。

小贴士

职业指导工作者要梳理人力资源和社会保障系统涉及长期失业人员、大龄、残疾、受教育程度低等困难群体的高频服务事项，逐项完善服务政策，改进服务措施，优化服务方式，一方面通过传统服务方式为这类人群提供兜底服务保障，另一方面促进智能技术在其中的普及应用，开展服务优化和整改，形成相应的长效机制，持续提升人力资源和社会保障公共服务均等化、普惠化、便捷化水平。

要提升人性化服务水平。将便民服务意识贯穿于人力资源和社会保障政策制定、业务规程设计、服务流程设置的全过程。要结合年龄、教育背景、生活环境和习惯等的不同，分人群提供针对性、差异化的服务措施，避免"一刀切"。制定针对特殊群体的关爱服务制度，在提供规范化、标准化服务的同时，兼顾人性化、个性化服务需求。

一方面进一步清理群众和企业办事的各类证明，没有法律法规依据的一律取消，清单之外，不得索要证明。对外公布的政策读本和办事指南要体现政府转变行政管理方式，规范行政行为，切实改进服务作风。另一方面，大力推行告知承诺制，加强信用体系建设，告知群众将强化对群众和企业承诺事项的事后审查，对不实承诺甚至弄虚作假的，依法予以严厉处罚。

相关链接

人力资源社会保障部关于深入实施"人社服务快办行动"的通知

（人社部发〔2021〕23号）摘录

一、工作目标

聚焦企业群众办理人社业务的操心事、烦心事、揪心事，将深入实施"快办行动"作为"我为群众办实事"的重要举措，坚持集成服务、简约服务、创新服务、规范服务原则，持续推进人社领域"放管服"改革，进一步整合事项、优化流程、精简材料、压缩时限，促进服务提质增效挖潜，不断增强企业和群众的幸福感和满意度。

二、主要任务

（一）推进"打包办"提质

1. 推动"一件事"扩面。
2. 规范"一件事"流程。
3. 打造"一件事"窗口。

（二）推进"提速办"增效

1. 扩大提速事项范围。
2. 推进服务"一网通办"。
3. 提升现场服务效率。

（三）推进"简便办"挖潜

1. 推行告知承诺。
2. 推行"就近可办"。
3. 实施精准服务。

六、公示的基本范式

1. 政策公示的内容

政策公示的内容一般包括政策项目、政策对象、政策标准等，在公开显著位置进行公示。政策项目主要包括就业创业服务补贴、职业技能培训补贴、职业技能鉴定补贴、社会保险补贴、公益性岗位补贴、就业见习补贴、企业职工技能提升补贴、援企稳岗补贴等。

2. 公示的具体事项

公示的具体事项一般包括列为政策扶持对象的法人或个人，享受政策补贴应具备的资格条件，补贴标准，工作流程等。在资格审核后的一定时期内公示，以获得社会监督，无异议后获批准。

3. 公示的特点

（1）公开性。公示的内容、承载的信息，是向一定范围内或特定范围内的人员公开的,具有较强透明度,不存在暗箱操作。

(2)周知性。公示目的是让关注其内容的人们了解是怎么回事儿,从而参与其中。

(3)科学性。公示的时间要科学合理,公示是事前的公示,不是事后的公示。公示的内容是初步的决定而非最终的决定。若是最终决定就必须在"公示"前言中加以说明。

(4)民主性。公示的过程与结果是公开、公平、公正的,是有群众参与和监督,并被他们所认可的。

4. 公示的书写格式

公示的基本书写格式通常如下:

(1)标题:"公示"或"关于×××的公示"。

(2)正文。

1)进行公示的原因。通常情况下,需要注明所依据的文件、政策来源。

2)事项的基本情况。如政策对象、补贴标准等。当涉及的补贴对象数量较少时,可以在正文中直接注明;当涉及的补贴对象数量较多时,一般使用表格的形式作为附件。

3)公示的起始及截止日期。公示中的公示日期一般以工作日计算。

4)意见反馈单位的地址及联系方式。

(3)落款。发布公示的单位名称(加盖公章)及发布时间。

关于对企业申领××补贴的公示

按照《×××的通知》和有关规定,经核现将符合条件的相关企业和人员予以公示,请公众予以监督,如发现实际情况与公示情况不符,请在公示期内向×××人力资源和社会保障局反映,我们将对反映的情况进行核查。

公示期:××××年××月××日至××××年××月××日

联系电话:×××××

联系地址:×××××

附件:公示信息花名册

七、注意事项

1. 位置醒目。服务内容、服务流程要在公告栏、服务大厅或网站的显著位置进行公示。

2. 内容准确。公示内容要措辞准确，无字词、标点错误。

3. 期限明确。公示期一般按照工作日计算。

4. 审核发布。公示内容须提交上级领导审批后方能对外发布。

 **相关链接 1**

推荐培训项目

职业指导工作者为求职者推荐培训项目的具体做法：

一、收集求职者基本情况

包括受教育程度、主要工作经历、技术技能、性格特征、职业期望等。与求职者面谈是收集情况的常用方法。如果求职者人数较多，也可采用填写登记表的方法。

二、分析个人优势与择业方向

分析求职者的基本情况、个人优势，可能是学历方面，也可能是工作经验方面，还可能是性格方面，例如外向型性格可能更适合从事与人打交道的销售、服务、管理、公关等工作。

三、推荐培训项目

根据求职者的个人优势和择业方向提供相关的培训课程，供求职者选择。

被推荐项目的来源：

1. 本地区能够提供的主要培训项目。

2. 人力资源和社会保障部门提供的各类职业资格、职业技能培训。

3. 典型的培训项目。

所推荐的培训项目应能够弥补求职者的能力不足，或强化求职者的个人优势。

四、求职者做出选择

应充分尊重求职者自己的选择。职业指导工作者应更多关注求职者的选择依据，重要的选择依据应该是能够弥补求职者能力不足，或能够强化求职者的个人优势，或符合个人兴趣、志向。工作收入、劳动强度、社会声望等因素相对居次。

 **相关链接 2**

常用创业政策

一、市场准入

1. 放宽企业注册登记，推行"五证合一"。
2. 社会信用代码实现"一照一码"。
3. 放宽新注册企业场所登记条件限制，允许"一照多址""一址多照"和"住改商"。

二、税收减免

1. 个体经营税收减免。
2. 民办非企业单位吸纳失业人员税收减免。

三、行政事业性收费减免

四、创业担保贷款

1. 个人创业担保贷款。
2. 小微企业创业担保贷款。

五、一次性创业补贴

六、创业带动就业补贴

七、创业基地运营补贴

八、创业孵化补贴

> 小贴士

多项政策补贴方式的具体内容

一、就业创业补贴

1. 补贴对象

公共就业创业服务机构、基层平台和其他就业服务社会组织。

2. 补贴标准

根据公共就业创业服务机构享受财政补助编制内实有人数，结合承担的免费公共就业服务工作量，由同级财政在部门预算中统筹安排基本支出和必要的项目支出经费，一般根据服务人数、成效和成本等，给予一定的补助。

3. 补贴方法

（1）公共就业创业服务机构、基层平台和其他就业服务社会组织提出补贴申请。

（2）人力资源和社会保障行政部门审核。

（3）财政部门专户直接拨付到以上申请部门的单位账户。

（4）财政、审计、人力资源和社会保障行政部门监督资金使用情况，确保专款专用。

二、职业培训补贴

职业培训补贴实行"先垫后补"和"信用支付"等办法。有条件的地区探索为劳动者建立职业培训个人信用账户，鼓励劳动者自主选择培训机构和课程，并通过信用账户支付培训费用。

1. 职业技能培训补贴

（1）补贴对象：贫困家庭子女、贫困劳动者、城乡未继续升学初高中毕业生、农村转移就业劳动者、下岗失业人员和转岗职工、退役军人、残疾人；毕业年度高校毕业生和离校2年内未就业高校毕业生（含技师学院）；农民参加新型职业农民培育工程、农村实用人才带头人素质提升和职业农民技能培训；等等。

（2）补贴标准：由各地人力资源和社会保障部门会同财政部门根据有关

规定，结合地区产业发展需要、城乡劳动者培训需求、不同工种培训成本和补贴资金规模等因素科学合理确定。

2. 创业培训补贴

（1）补贴对象：具有创业意愿和培训愿望并具备一定创业条件的城乡各类劳动者，参加经人力资源和社会保障部门、财政部门认定的培训项目并取得合格证书的。

（2）补贴标准：由各地人力资源和社会保障部门会同财政部门根据有关规定，结合当地培训需求、项目成本和资金规模等因素科学合理确定。

3. 在岗职工岗位技能培训补贴

（1）补贴对象：对企业新录用的五类人员，与企业签订1年以上期限劳动合同，并于签订劳动合同之日起1年内参加由企业依托所属培训机构或政府认定的培训机构开展岗位技能培训的，在取得职业资格证书或职业技能等级证书后给予职工个人或企业一定标准的职业培训补贴。对按国家有关规定参加企业新型学徒制培训、技师培训的企业在职职工，培训后取得职业资格证书的，给予职工个人或企业一定标准的职业培训补贴。每人每年只能享受一次职业培训补贴。

（2）补贴标准：由各地人力资源和社会保障部门会同财政部门根据有关规定，结合地区产业发展需要、城乡劳动者培训需求、不同工种培训成本和补贴资金规模等因素科学合理确定。

三、职业技能鉴定补贴

1. 补贴对象

职业技能鉴定补贴的发放对象包括五类人员：通过初次职业技能鉴定并取得职业资格证书（或职业技能等级证书、专项职业能力证书）的贫困家庭子女、毕业年度高校毕业生、城乡未继续升学的应届初高中毕业生、农村转移就业劳动者、城镇登记失业人员。

2. 补贴标准

由各地人力资源和社会保障部门会同财政部门根据不同职业（工种）的收费标准制定。对纳入重点产业职业资格和职业技能等级评定指导目录的，可适当提高补贴标准。

四、社会保险补贴

1. 单位吸纳

（1）补贴对象：招用就业困难人员并缴纳社会保险费的单位；通过公益性岗位安置就业困难人员并缴纳社会保险费的单位；招用离校2年内未就业高校毕业生与之签订1年以上劳动合同并为其缴纳社会保险费的小微企业。

（2）补贴标准：单位（企业）招用或安置就业困难人员的，按其为就业困难人员实际缴纳的基本养老保险费、基本医疗保险费和失业保险费给予补贴，不包括就业困难人员个人应缴纳的部分。就业困难人员社会保险补贴期限，除对距法定退休年龄不足5年的就业困难人员可延长至退休外，其余人员最长不超过3年（以初次核定其享受社会保险补贴时年龄为准）。小微企业招用毕业年度高校毕业生的，按其为高校毕业生实际缴纳的社会保险费，给予最长不超过1年的社会保险补贴，不包括高校毕业生个人应缴纳的部分。

2. 灵活就业

（1）补贴对象：灵活就业后缴纳社会保险费的就业困难人员；灵活就业后缴纳社会保险费的离校1年内未就业高校毕业生。

（2）补贴标准：就业困难人员灵活就业后的社会保险补贴标准原则上不超过其实际缴费的2/3。就业困难人员社会保险补贴期限，除对距法定退休年龄不足5年的就业困难人员可延长至退休外，其余人员最长不超过3年（以初次核定其享受社会保险补贴时年龄为准）。离校1年内未就业的高校毕业生灵活就业后的社会保险补贴标准原则上不超过其实际缴费的2/3，补贴期限最长不超过2年。

五、公益性岗位补贴

1. 补贴对象

享受公益性岗位补贴的人员范围为就业困难人员，重点是大龄失业人员和零就业家庭人员。

2. 补贴标准

补贴标准参照当地最低工资标准执行。公益性岗位补贴期限，除对距法定退休年龄不足5年的就业困难人员可延长至退休外，其余人员最长不超过

3年（以初次核定其享受公益性岗位补贴时年龄为准）。

六、就业见习补贴

1. 补贴对象

吸纳离校2年内未就业高校毕业生、16～24岁失业青年参加就业见习的就业见习单位。

2. 补贴标准

对吸纳上述人员参加就业见习的单位，给予一定标准的就业见习补贴，用于见习单位支付见习人员见习期间基本生活费，为见习人员办理人身意外伤害保险，以及对见习人员的指导管理费用。对见习人员见习期满留用率达到50%以上的单位，可适当提高见习补贴标准。具体补贴标准由各地制定。

七、一次性求职创业补贴

1. 补贴对象

高校毕业生中的低保家庭人员、残疾人员、已获得国家助学贷款人员、特困人员、脱贫劳动者家庭人员、贫困残疾人家庭人员这六类人员；中等职业学校（含技工院校）符合条件的毕业生。

2. 补贴标准

补贴标准由省级财政、人力资源社会保障部门会同有关部门根据当地实际制定。

八、失业保险基金支持参保职工技能提升补贴

1. 补贴对象

依法参加失业保险三年以上、当年取得职业资格证书或职业技能等级证书的企业职工。

2. 补贴标准

由省级人力资源和社会保障部门、财政部门根据本地失业保险基金运行情况、职业技能培训、鉴定收费标准等因素综合确定，并适时调整。补贴标准根据取得的职业资格证书或职业技能等级证书有所区别。各地可根据本地产业发展方向和人力资源市场需求，研究制定本地区紧缺急需的职业（工种）目录。技能提升补贴标准可向地区紧缺急需职业（工种）予以倾斜。同一职

业（工种）同一等级只能申请并享受一次技能提升补贴。

九、稳岗补贴

1. 补贴对象

对采取有效措施不裁员、少裁员，稳定就业岗位的缴纳社会保险的企业，由失业保险基金给予其稳定岗位补贴（以下简称稳岗补贴）。

2. 资金使用

稳岗补贴主要用于职工生活补助、缴纳社会保险费、转岗培训、技能提升培训等相关支出。稳岗补贴的具体比例由省级人力资源和社会保障部门会同财政部门确定。

学习单元2　应用网络平台提供咨询服务

一、网络互动的模式

1. 非实时网络咨询

非实时网络咨询主要是指通过电子邮件、电子表单、网络论坛、电子留言板等网络技术实现离线的政策咨询服务，这是当前网络政策咨询中较为普遍的一种形式。客户把自己的问题填写到电子表单中并提交，系统把其中的内容保存下来。职业指导工作者将被允许在规定时间内通过电话、电子邮件、信函等方式做出答复。此类咨询形式的优点是可以让客户避开咨询高峰，随时提出问题，但存在时效性和互动性差的问题。

2. 实时网络咨询

实时网络咨询主要是指通过网络聊天室等技术方式，在线上实时地、"面对面"地解答客户的提问。技术可实现咨询员和客户之间通过文字、图像、语音、视频等多媒体形式进行一对多的交流和信息传送。相对于电话咨询，此类咨询形式不仅可以形象地以多媒体形式进行相互沟通，咨询员还可以一对多地进行服务，具有较好的时效性和互动性，但缺点是需要咨询员在线才能发挥作用，存在一定的局限性。

3. 常见问题咨询

常见问题咨询是指针对客户提出的普遍性、代表性很强的问题进行解答，并汇集答案，分类编排，形成常见问题数据库，并通过网络方式发布，供客户自助查询。客户只需访问咨询机构主页的常见问题专栏，根据自己的问题，通过设置好的问题分类列表进行简单的查询搜索，即可找到自己所需的答案或类似结果。此类咨询形式兼顾了实时网络咨询和非实时网络咨询的优点，既做到了及时解答客户的问题，又不需要咨询员在线服务，形成了一种自助式的咨询模式。但是，常见问题咨询同样存在不足之处，首先是内容的局限性，常见问题数据是基于具体问题进行编排，当"常见问题"没有涉及客户想问的内容时，就无法发挥作用；其次是针对性比较差，常见问题无法根据客户的具体情况进行针对性的解答，有时即使客户找到了类似的问题，也无法套用；最后是查找不便，目前大多是把"常见问题"进行简单的分类，当客户面对一大堆类似的问题时，往往会有无处下手的困惑。

二、网络互动的工作要求

1. 网络互动咨询的原则[①]

（1）平等与互动相结合。平等互动是网络咨询的基本原则，职业指导工作者要与服务对象在民主和谐的氛围中，坚持以平等为前提，以互动为手段，详细了解服务对象的需求，并给出解决方案。开展网络咨询的前提是职业指导工作者尊重服务对象，突出平等性与互动性，在平等互动中交流，在交流中了解和把握服务对象咨询的主要内容，并通过与服务对象协商、讨论等方式科学地分析咨询问题的主要内涵，并围绕主要问题制定双方认同的方案和对策，提高网络咨询的实效性。

（2）引导与促进发展相结合。职业指导工作者要发挥网络咨询的引导功能，有目的地引导服务对象解决自身面临的各种心理、思想等方面的困惑，以适应现实社会。只有通过交流，了解服务对象的咨询目的和内容，才能在指导过程中有效地引导服务对象认识问题的实质，认同解决问题的方法和途径，最终通过服务

[①] 曾令辉. 网络思想政治教育方法研究——论网络咨询辅导方法［J］. 思想政治教育研究，2011，27（6）：33-35.DOI：10.15938/j.cnki.iper.

对象的自我调适解决自身面临的问题。

（3）个性化咨询与共性辅导相结合。个性化咨询是网络咨询针对性的具体体现，在网络咨询活动中，服务对象就自身关注和面临的某一具体问题进行咨询，问题本身具有鲜明的个性化特征。因此，网络咨询总是起始于个性化咨询，但并不止于此，应进一步做到引导服务对象运用发展的观点对某一个性问题进行分析和归纳，探寻其共性特点，帮助服务对象更好地认识问题的本质，拓宽视野，从而提高服务对象分析问题、解决问题的能力。

2. 网络咨询的工作要求

（1）岗位素质要求。在综合素质方面，开展网络咨询的职业指导工作者要具有客户至上的服务观念，热情认真的工作态度，要有独立分析、解决问题的能力，要有协调沟通交流的能力。在技能素质方面，一是具有相应的就业创业政策、职业指导方面的专业知识；二是掌握必要的专业技能，如网络操作和处理问题难题的实用技能；三是具有良好的语言文字表达能力，在表述中规范用语。网络咨询服务过程中少使用"我"字，多使用"您"或者"咱们"等字，让服务对象感觉职业指导工作者在全心全意地为他考虑问题。

（2）心理素质要求。开展网络咨询的职业指导工作者应具备良好的心理素质，能够承受各种压力挫折。一是具备处变不惊的应变能力，遇到一些突发事件和服务对象的突发行为，要做到遇事不惊，冷静判断，客观有效地控制事态的发展；二是具备承受挫折打击的能力，心理上具备较强的抗压力；三是具备掌控和调节情绪的能力，遇到一些挑剔的服务对象，能够调整好心态，耐心地进行回复，决不可表现出不耐烦的情绪；四是以礼待人，在相互信任的基础上增进交流。

（3）业务素质要求。开展网络咨询的职业指导工作者要具备相应的职业技能和政策水平，所以应不断加强业务和政策的学习，特别是通过专业培训提高对新政策、新要求的理解。在提升网络咨询服务能力的同时，避免为服务对象提供过时的或错误的解答。同时，要创新职业指导方式，提升服务能力，增强咨询服务的实际效果。

三、注意事项

1. 回复问题时体现人本服务

职业指导工作者在开展网络咨询服务过程中要坚持以人为本的理念，在回复中给服务对象以人文关怀，职业指导工作者只有给予服务对象足够的尊重、体谅，才能通过服务对象的表述找到问题的根源，提出解决方案。另外，开展网络咨询的职业指导工作者还要注意自己的语言，因为每一句为服务对象排忧解难的温馨话语，都会使服务对象在解决问题的同时，感受到精神上的愉悦，与职业指导工作者建立信任的情感。

2. 切实解决服务对象提出的问题

服务对象选择通过网络咨询渠道进行咨询，不仅仅是想把憋在心里的话说出来，释放一下压力，更希望解决问题。职业指导工作者在提供咨询服务的过程中要结合服务对象的实际情况，提供可操作性的解决方案，切实帮助服务对象解决问题。

3. 保证提供信息的准确性和及时性

只有使服务对象获取准确的信息，才能解决实际问题，网络咨询才能赢得服务对象的信赖。对服务对象提出的问题要及时进行回复，否则会让服务对象质疑网络咨询平台解决问题的能力。

学习单元 3　通过热线提供咨询服务

一、接听电话的规范用语

1. 基本语言规范

（1）首问语。

1）接起电话时应讲"您好，我是××机构的××号职业指导工作者，请问有什么可以帮您？"

要求：一是电话铃响三声以内接听电话并报首问语；二是要吐字清晰，语音语速适中，不要出现语速过快吃字的现象；三是语调应稍微上扬，要以积极愉快的声音问候服务对象。

2）固话回复语音留言及回访时，首先确认对方身份"您好！请问您是××先生/女士吗？"然后自我介绍"我是××机构的××号职业指导工作者，×月×日您来电咨询了关于××的问题……"切入主题，展开谈话。

（2）过程语。

1）在仔细倾听服务对象表述后，应准确辨别来电对象的性别，注意敬称服务对象为先生或女士等，不能辨别的使用"您"。

2）交流过程中，如听不清服务对象的声音或表述时，应礼貌示意，如"对不起，先生/女士，请您再说一遍好吗？"或"请您声音稍大/语速稍慢些，谢谢"等。

3）遇到服务对象索要咨询人员姓名时，应礼貌应答："工作时我们统一使用工号，我（她）的工号是××号。"

4）服务对象对服务提出建议、意见后，应礼貌应答："谢谢您提出的宝贵建议（意见），我们会及时向有关部门反映。"

5）为服务对象查询有关文件资料时，应使用："先生/女士，请稍等，不要挂机，我立即帮您查询。"待服务对象同意后按保持键，并迅速查询信息。如果查询时间超过30秒，可在中途取消保持，并提示对方"我正在为您查询，请稍等。"每次查询最长不得超过90秒。查到准确信息后，取消保持并回复"感谢您的耐心等待……"

6）当服务对象要进行个人信息查询时，应提示对方："查询本人信息请您提供本人身份证号码或社会保障号码、姓名和单位信息。"核对无误后按要求查询。为了保障信息安全，不允许服务对象查询他人信息。

7）服务对象的问题超出咨询范围时，应提示对方："先生/女士，对不起，目前我们只提供人力资源和社会保障相关业务咨询服务，您的问题超出了我们的服务范围。"

（3）结束语。

1）当通话即将结束时，应讲："请问您还有其他问题需要咨询吗？"

2）来电结束时，应讲："感谢您的来电，请对我的服务做出评价，谢谢！再见。"

2. 接听致谢、致歉或批评、建议电话时的规范用语

（1）遇到服务对象表扬或对服务表示感谢时，应回复："不客气/不用谢，这是我们应该做的。"

（2）遇到服务对象向职业指导工作者致歉时，应讲："没关系，我能理解您当时的心情。"

（3）遇到服务对象抱怨其他职业指导工作者政策水平或服务态度不好时，应讲："对不起/非常抱歉，给您带来不便，请您谅解。请将详细情况告诉我，我来帮您解决，好吗？"

（4）遇到服务对象长时间、大段诉说时要有回应，如"嗯……""我理解……""哦……""是这样……""我明白……"等，让服务对象感受到被尊重与重视。

（5）当服务对象责怪职业指导工作者处理业务太慢或业务不熟练时，应讲："对不起，让您久等了，我正在帮您处理。"

（6）遇到服务对象情绪比较激动时，职业指导工作者应耐心聆听，控制好自己的语音、语调，调整好自己的心情，适时用"我理解您的心情"等语言安抚服务对象的情绪并做适当处理。

3. 特殊情况下的规范用语

（1）遇到不能当场解答服务对象所咨询问题时，应告诉服务对象："对不起，您的问题我暂时无法回答，我将咨询有关部门，并在3个工作日内与您联系。"此时要记录下服务对象的姓名、电话号码和问题描述，记录后要复述一遍，请服务对象确认，注意复述电话号码时要适当放慢语速。

（2）遇到服务对象咨询的问题涉及各县区具体经办程序，市级政策文件未做明确规定时，应回复："您的问题涉及具体经办程序，市级政策文件尚未作出明确规定，建议您向×××业务经办部门咨询"，不能回答"不清楚、不知道"等进行推诿。

（3）遇到服务对象要求咨询员对事情的处理结果进行判断时（例如询问鉴定结果、仲裁结果等），应回复："由于涉及当事人相关资料的审核，暂时无法作出判断，请您按照正常程序办理，×××（相应部门）会作出处理决定的。"

（4）遇到服务对象抱怨电话难打时，应回复："非常抱歉，拨打的人员较多，让您久等了。请问有什么可以帮您？"

（5）遇到电话接通后没有声音时，先报读首问语，再说："对不起，我听到的声音很小/杂音很大，请您再讲一遍好吗？请您用其他电话再拨打一次，好吗？"说完后停顿5秒，对方仍无反应，可以挂机。

（6）通话过程中遇到对方无应答或杂音太大时，应提醒："您好，请问您能听到我的声音吗？"说完后停顿5秒，对方仍无反应，可以挂机。

（7）遇到服务对象在通话过程中与他人聊天、接听其他电话等，应提醒："先生/女士，目前排队等候的服务对象较多，为了节省您和他人的宝贵时间，请问您还有问题需要咨询吗？"说完后停顿15秒，对方仍无反应，可以挂机。

（8）遇到服务对象讲话较慢或逻辑性比较差时，应耐心倾听服务对象讲完，不要抢话，并进行梳理归纳。必要时，可通过反问确认其描述的内容和问题。如："对不起，您看您所说的是不是……""您看这个问题我理解得对不对，您刚才提到……"

（9）如服务对象强行要求咨询员使用方言进行服务，应该放慢语速，再次沟通，如沟通无效，请示上级后才能使用方言。

（10）如服务对象只能使用外语或方言，难以沟通时应讲："对不起，请您慢点儿讲。"经三次沟通后仍然无效，应讲："对不起，我们暂时不能提供外语／方言服务，再见。"

4. 处理投诉电话和骚扰电话时的规范用语

（1）遇到服务对象执意投诉职业指导工作者本人时，应讲："您的问题比较复杂，我对这部分的业务不太熟悉，给您带来的不便非常抱歉，现在为您转接上级，由我的上级为您处理，好吗？"征求同意后，转接上级，不得拒绝投诉。

（2）遇到服务对象执意投诉其他职业指导工作者时，应讲："我们的服务给您带来了不便，非常抱歉，现在为您转接上级，由我们的上级为您处理，好吗？"征求同意后，转接上级，不得拒绝投诉。

（3）遇到服务对象辱骂时，应适当阻止投诉者辱骂，转移他的注意力，让他知道你愿意帮他解决问题。"先生，打扰您一下，我们先来讨论您的问题，您刚才说的问题是……吗？"在制止服务对象辱骂后，要控制对话，用提问来确定到底发生了什么事，然后自信并愉快地将问题解决，不要随便挂断服务对象的电话。

（4）遇到明显的骚扰、诈骗电话时，一旦听出尽快挂断电话，不必谈论过久。只需说："对不起！您的问题与我们的服务无关，我将挂断您的电话。"然后挂机。如果多次接到同个骚扰电话，应及时报告上级处理，必要时通过后台对此来电做黑名单处理。

（5）遇到模糊的骚扰电话，可借电话线路故障等原因挂断电话："先生／女士，电话听不清楚，请用其他电话拨打好吗？再见。"然后挂机。

二、电话咨询服务的要求

1. 做好通话前准备

（1）打开电脑，带上耳麦，处于接电话等待状态。

（2）准备好各种办公用品，便于做好记录和统计工作。

（3）应坐于话机和电脑的正前方，将座椅高度调整合适，坐姿要端正。

（4）回拨电话时，要先确定好对方的电话号码、称呼等，明确通话目的和内容。

（5）保持愉悦的心情，解除电话恐惧症。

2. 明确通话时要求

（1）应做到在电话响铃 15 秒内接起电话。接起电话的同时致首问语，要以积极愉快的声音问候服务对象。

（2）在电话交谈中要保持情绪饱满，语气亲切，态度诚恳，让服务对象感觉你乐意提供帮助。语速、音量适中，吐字清楚，用语简练，表达通俗易懂。

（3）应主动、自如地使用"您好、请、谢谢、对不起、再见"等文明服务用语。遇到服务对象态度不好或受到服务对象责怪时，应忍耐克制，不要顶撞、责备服务对象，不得流露出不满或不耐烦情绪，不得使用服务忌语。

（4）应及时记录、归纳来电的内容要素，必要时向对方复述，予以确认。

（5）解答政策咨询类问题时应及时准确调用知识库或文件资料，根据相应内容进行正确解答。

（6）及时纠正服务中发生的差错，并诚恳接受服务对象的批评，主动向对方道歉。

（7）通话结束时，应向对方再次确认是否还有其他问题。如果没有其他问题，应向服务对象致谢。

三、特殊情况的处理方式

1. 处理认定、审批事项

对需要认定、审批的事项，只做政策性解释，不做结论性答复，告知服务对象携带有关材料到服务窗口办理。

2. 处理信息查询

提供个人、单位信息查询或在线受理服务时，应对服务对象进行身份验证，合理分配查询权限，避免泄露隐私信息。

3. 处理登记投诉举报

登记投诉举报时，应详细记录服务对象姓名、来电号码、事由等信息，并告知处理期限和处理结果的查询方式。无法直接受理的，应告知服务对象受理方式。

4. 处理无法解答的问题

对于无法解答的疑难、敏感问题，应做转接处理；对于无法答复或处理的问题，应及时转交业务部门协助处理，并在规定时间内给予答复；对于服务范围以外的咨询，应做好引导。

四、注意事项

1. 杜绝电话咨询服务禁语[①]

（1）不规范的言语。例如："喂！什么事呀？我不知道，请你挂电话！"

（2）埋怨来电者的言语。例如："什么事啊？你烦不烦？急什么！不是告诉你了吗，怎么还问？"

（3）敷衍、推诿的言语。例如："你问我，我问谁？这个我怎么知道？你的问题不归我们管。"

（4）嘲讽、激化矛盾的言语。例如："你去投诉好了！不行就不行！别再来电话了！"

（5）反问（质问）、教训的言语。例如："我讲得很清楚了，你还没懂？我是为你一个人在服务吗？"

（6）侮辱性的言语。例如："怎么基本常识都不懂！这个我说了你也不懂！"

2. 防止电话咨询服务禁忌行为[②]

（1）来电者讲话时轻易打断对方讲话、插话或转移话题。

（2）通话过程中与同事聊天或接听私人电话。

（3）通话过程中玩手机、玩游戏、看电影等。

（4）精神表现萎靡，态度懒散。

（5）与来电者发生争执。

（6）责问、反问、训斥或谩骂来电者。

（7）与来电者聊天或开玩笑。

（8）与来电者交谈态度傲慢。

（9）不懂装懂、搪塞、推诿来电者。

（10）频繁使用口头禅、非礼貌性语气助词等。

[①] 文字内容来源：人力资源和社会保障电话咨询服务规范
[②] 文字内容来源：鹤壁12333热线服务规范

（11）拖腔、语气生硬、顶撞来电者。

（12）通话时打呵欠、吃东西等。

学习单元 4　指导服务对象自助查询人事档案及社会保险业务

一、自助查询服务的内容

1. 社保查询服务

自助查询一体机可以实现的社保查询包括：

（1）企业职工养老保险，如基本信息查询、养老缴费明细查询、养老金查询、养老待遇查询等。

（2）机关事业养老保险，如机关养老缴费明细查询、职业年金缴费明细、机关养老待遇信息、人员转移查询等。

（3）城乡居民养老保险，如缴费明细查询、发放明细、城乡居民待遇查询等。

（4）工伤保险，如缴费明细查询、工伤待遇信息查询、工伤认定信息查询、劳动能力鉴定信息查询等。

（5）失业保险，如缴费明细查询等。

2. 社保查询结果打印服务

自助查询一体机可以实现的社保查询结果打印服务包括机关事业单位养老保险待遇明细打印、机关事业单位养老保险参保凭证打印、企业职工养老对账单打印、企业职工养老金证明打印、企业职工养老参保凭证打印、工伤待遇核定通知单打印等内容。

3. 社会保障卡管理服务

自助查询一体机可以实现的社会保障卡管理服务包括人员基本信息查询、社会保障卡制卡进度查询、社会保障卡参保关系转移、社保卡激活、社保卡挂失、社保卡解挂等内容。

4. 就业创业服务

自助查询一体机可以实现的就业创业服务包括人员基本信息查询、就业失业登记情况查询、就业创业证申请查询、就业创业意愿查询、转移就业情况查询、招聘会查询、创业项目查询等内容。

5. 其他查询服务

自助查询一体机还可以实现人事人才档案查询、职业鉴定证书查询、人事考试查询，进行退休资格认证等服务。

××市让毕业生"最多跑一次"

一、第一战役：必要的准备

（一）规范办事事项。按"八统一"标准（主项名称、子项名称、适用依据、申请材料、办事流程、业务经办流程、办理时限、表单内容统一）规范事项名称、办事指南和梳理办事需求，分别梳理出28项就业创业"最多跑一次"事项、29项街道（乡镇）就业创业基层服务事项。

（二）精简材料优化流程。以能满足群众和企业办事需求为基本要求，做好"四减"（减事项、减材料、减时间、减环节）工作，申请材料实行"三个不提交"，即法律法规无明确规定的不提交、由本部门出具或可通过本部门信息系统数据交换获取的不提交、可自行查验获取的不提交，杜绝出现模糊性材料以及兜底材料。

（三）落实"八统一"服务规范。按网上公布、纸质指南、网上经办、窗口经办、对外咨询"五个一致"要求，运用信息平台监测、明察暗访、抽样调查等方式，开展对"八统一"办事标准执行情况的考核督查工作，确保各级经办机构就业服务的标准化、规范化。

二、第二战役：互联网＋自助

（一）推进"网上办"。落实就业事项在政务服务网上的统一身份认证、单点登录，准确标明"星级服务"，方便群众和企业自助办事。

（二）推进"一证办"。在"统一受理"平台上配置办事材料数据共享接口，在业务办理中直接调取，作为业务审核依据，减少群众办事提供纸质材料的数量。例如，"用人单位招用人员登记"原来需要的营业执照、民办非企业单位登记证书、事业单位法人证书等材料通过外部共享民政、税务、编办、社保等部门的数据，可自行获取；社保缴纳凭证通过内部共享社保部门数据，可自行获取。

（三）推进"自助办"。部署一体机达904台，覆盖了市、县（区、市）、街道（乡镇）三级人力资源和社会保障经办机构和66%的社区、7%的行政村，为群众提供"家门口"的服务新渠道。一体机可办理服务总功能达87项，其中就业创业服务功能26项，岗位信息查询、个人参保证明打印、就业登记证明打印等功能使用最多。

三、第三战役：过程中的后续保障

（一）推出"随时申报、定期发放"的便民举措。在条件符合、材料齐全的前提下，部分就业创业政策补贴的申报时间，由原来按指定时段申报调整为随时申报、定期发放。

（二）加强业务实操培训。指导县（区、市）开展形式多样的培训活动，制作业务操作培训视频教材和文档教材，切实帮助基层一线提高承接能力和服务水平。

二、自助查询服务的工作要求

1. 掌握用户登录要求

为了保证系统和数据的安全性，用户必须实名登录后才能使用自助查询系统。职业指导工作者可以指导服务对象使用身份证或者社保卡作为凭证，完成登录操作。

2. 掌握自助查询服务项目功能

自助查询一体机的功能较多，在指导服务对象使用前，职业指导工作者应熟悉自助查询一体机操作手册的内容，并掌握每个服务项目可以实现的功能以及操作要求。在服务对象有自助查询需求时，给予正确的指导和辅助。

3. 掌握自助查询业务规范

职业指导工作者应掌握通过自助查询一体机查询或办理一些简单业务的业务规范，明确哪些业务需要到窗口办理，哪些业务可以通过自助查询一体机办理以及业务到哪一步办结。当服务对象使用自助查询一体机出现问题时，职业指导工作者应做好其他办理方式的指导。

三、注意事项

1. 注意保护隐私。为保护个人信息安全，业务办理结束后，应提醒、指导服务对象点击"退出登录"。

2. 注意财产安全。提醒服务对象保管好身份证、社会保障卡等证件。

 相关链接

一、社会保障卡

社会保障卡的全称是"中华人民共和国社会保障卡"（以下简称社会保障卡），是由人力资源和社会保障部统一规划，统一设计，统一密钥管理，面向社会发行，应用于人力资源和社会保障各项业务领域并加载了金融功能的集成电路（IC）卡，是持卡人享受人力资源和社会保障权益的信息载体。社会保障卡主要用于人力资源和社会保障领域政府社会管理和公共服务，并可承载政府其他公共服务事项。

（一）社会保障卡的功能

社会保障卡承载社会保障功能和金融借记卡功能。

1. 社会保障功能。包括人力资源和社会保障公共服务领域身份认证、社会保险费代收代支、代扣代缴、待遇申报登记、养老待遇领取、个人基础信息记载、权益信息记载等102项应用功能。

2. 金融借记卡功能。社会保障卡也是一张银行借记卡，具有现金存取、转账、消费金融、代收代付等功能，只要用户激活了金融账户就可以把社会保障卡当银行卡使用（社会保障卡仅限境内使用，目前暂不支持贷记卡功能）。

（二）个人社会保障号码

《中华人民共和国社会保险法》第五十八条第三款规定，国家建立全国统一的个人社会保障号码，个人社会保障号码为居民身份证号码。社会保障号码是公民参加社会保险、享受社会保险待遇、实现社会保险权益衔接的唯一标识，是公民拥有社会保障权益的重要标志。社会保障号码要求全国唯一、终身不变、规则统一。已有居民身份证号码的中国公民，社会保障号码采用居民身份证号码。没有居民身份证号码的港澳台人员、华侨以及外国人，社会保障号码按照全国统一规则编制。

二、电子社保卡

电子社保卡的全称为电子社会保障卡，是社会保障卡的线上形态和电子证照，是持卡人线上享受人力资源和社会保障服务等民生服务的电子凭证和

结算工具,与实体社保卡一一对应、唯一映射、状态相同、功能相通,由全国社会保障卡服务平台统一签发、统一认证、统一管理,全国通用。

(一)电子社保卡与实体社保卡的区别和联系

电子社保卡与实体社保卡一一对应、唯一映射、状态相同、功能相通。持卡人可根据应用场景和个人偏好选择使用实体社保卡还是电子社保卡。通常情况下,电子社保卡在手机上使用,实体社保卡则是持卡使用。

(二)电子社保卡的应用场景

1. 在线挂号缴费免排队。绑定电子社保卡的用户,可以在电子社保卡详情页面,找到支持医保移动支付的医院列表菜单,在线医保挂号,免去排队环节,大大节约了排队等候时间,提高了就医体验。

2. 随时随地手机查社保。进入电子社保卡页面,随时随地查询社保参保险种以及缴费详情,社保详情尽在掌握。

3. 药店扫码医保购药。在支持电子社保卡的药店购药,用户可以出示二维码,划扣医保余额进行购药,避免忘带卡和现金的尴尬。

(三)电子社保卡在人力资源和社会保障领域的应用

在实体社保卡102项功能的基础上,电子社保卡向更多公共服务领域拓展。

1. 线上身份认证。包括电子办事凭证、线上待遇资格认证、快速登录服务(网站、手机App、自助一体机)。

2. 个人信息查询。包括社保参保信息、就业人才服务信息、个人就业信息、职业培训信息、职业资格信息、职业技能等级信息、创业担保贷款扶持信息。

3. 业务申办。包括就业创业服务、社保服务、劳动用工服务、人才服务、调解仲裁服务。

4. 移动支付。包括参保缴费、考试缴费、培训缴费、工伤医疗缴费。

(四)电子社保卡申领

1. 支付宝申领。登录支付宝→城市服务→电子社保卡→选择参保地→同意并领取。

2. 微信申领。打开微信→搜索小程序"电子社保卡"→注册。

思考题

1. 结合就业见习补贴申报流程，简述就业创业扶持补贴申报的主要步骤。
2. 结合公示的基本书写格式，选择一项熟悉的补贴撰写公示内容。
3. 简述如何开展网络平台咨询。
4. 简述网络互动咨询的工作要求。
5. 结合工作实际，列举至少5个接听电话的常用规范用语。
6. 简述电话咨询服务要求。
7. 简述自助查询服务的内容。
8. 结合××市让毕业生"最多跑一次"案例，谈谈如何做好自助查询业务服务。

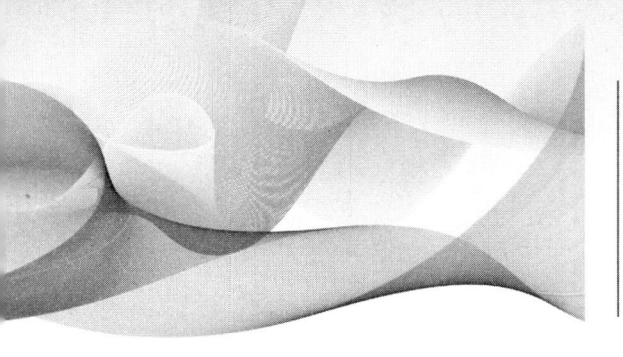

职业模块 ❷
信息采集与发布

培训课程 1 信息采集

1. 能根据服务对象特点或相关需求采集图文、音视频等信息。
2. 能通过设置的反馈渠道收集服务对象对已发布信息的意见建议。

学习单元1　图文和音视频等信息的采集

一、信息的载体类型

职业指导工作中涉及的信息按照载体的不同主要分为四类。

1. 文字信息

文字信息主要是指用文字表达或传递人的意见、想法、思想等内容。结合职业指导工作者的工作环境，文字信息有许多呈现形式，如企业走访记录、职业指导笔记、收集的岗位信息和求职信息等。

2. 图形信息

图形信息通常指数据、信息或知识的可视化表现形式，可以更清楚准确地解释或表达复杂的信息，如地图、路标等。结合职业指导工作者的工作环境，图形信息有许多呈现形式，如柱形图、饼形图、冰山模型图、职业指导的三叶草模型图等。

3. 音频信息

声音录制后都可以通过数字软件进行处理，而这些经过处理的声音储存在计算机内就是音频信息。结合职业指导工作者的工作环境，音频信息有许多呈现形式，如企业在媒体上播放的招工简章、就业部门发布的政策宣传录音等。

4. 视频信息

视频信息是指在电视或雷达中，由图像转换而成或可转换成图像的电信号频率。结合职业指导工作者的工作环境，视频信息有许多呈现形式，如企业招工宣传视频、企业文化宣传视频、求职者录制的自我介绍视频、职业指导工作者能力提升课程视频等。

二、信息的主要内容和来源

1. 信息的主要内容

（1）求职者信息。

1）求职者个人基本信息。包括证件类型、证件号码、姓名、性别、出生年月、民族、户口性质、政治面貌、健康状况、特长、婚姻状况、文化程度、籍贯、户籍所在地等。

2）求职者联系方式信息。包括联系电话、座机号码、微信号码、QQ号码、个人电子邮箱、详细住址、邮政编码等。

3）求职者教育经历信息。包括文化程度、毕业学校、专业名称、毕业日期等。

4）求职者职业资格信息。包括职称、技能等级、取得职业资格日期等。

5）求职者专业技术职称信息。包括专业技术职务、专业技术职务级别、取得专业技术资格的日期等。

6）求职者关键信息。包括工作经历（实习经历）、求职意愿、培训意愿、薪酬期望、对福利待遇和求职者保护条件的要求、对供职地域的要求等。

职业指导工作者可以根据工作需要制作求职登记表采集求职者信息，还可以针对求职者不同的特点采集重点信息。例如，对有培训意愿的求职者，职业指导工作者既要了解他们想参加培训的种类，还要了解他们的学历和工作经历是否满足报名条件；职业指导工作者既要引导求职者填写求职登记表，还要了解该求职者的就业意愿、职业兴趣、职业价值观、薪酬期望等。

（2）用人单位信息。

1）用人单位基本信息。包括单位编号、社会保险登记证编码、单位名称、工商营业执照种类、工商营业执照号码、工商登记有效期限、法定代表人（负责人）、法定代表人联系电话、单位类型、经济类型、注册资本、登记注册类型、注册地址、劳资负责人、劳资负责人联系电话、办公电话、办公地址、邮政编码、单位状态（用人单位经营活动所处的状态）、传真、电子邮箱、机构类别（指由人力资源社会保障部门认定的，从事职业介绍、职业技能培训等活动的机构的类别）。

2）用人单位劳动用工信息。包括从业人员总数（指在用人单位工作并取得劳动报酬的人员数，包括在职职工、离退休返聘人员、兼职人员等）、女职工人数、本地城镇职工人数、农民工人数、残疾人数、使用劳务派遣人数、使用实习生人数、台港澳职工人数、外籍职工人数、兼职人数、特殊工种岗位数、缴纳工资保障金的金额、是否组建工会、是否缴纳工资保证金、劳务派遣单位名称等。

3）用人单位内定劳动保障规章制度信息。包括是否建立职工名册、是否制定内部劳动管理规章制度等。

4）用人单位与求职者订立书面劳动合同信息。包括已订立书面劳动合同人数、应订立书面劳动合同人数、未订立书面劳动合同人数、是否订立集体劳动合同等。

5）用人单位遵守工作时间和休息休假规定信息。包括实行标准工时制度的职工数、实行不定时工时制度的职工数、实行综合计算工时制度的职工数、是否执行带薪年休假制度、实行特殊工时的岗位数等。

6）用人单位支付求职者工资和执行最低工资标准信息。包括是否建立工资支付台账、最低月工资、是否按规定支付加班工资、每月是否按时足额发放工资、非全日制用工小时最低工资、上年度职工月平均工资等。

7）用人单位参加各项社会保险和缴纳社会保险费信息。包括单位参保缴费状态、未参保人数、单位累计欠缴金额、参保人数、保险种类等。

8）用人单位招聘信息。主要包括三个方面：

①对应聘人员的要求。如地区要求、专业要求、年龄要求、技能和学历要求、工作经历要求等。

②用人单位的承诺。如工资福利待遇、假期、劳动保护、工作时间等。

③其他。如招聘时间、求职者缺口数量、招聘程序要求、培训需求等。

（3）人力资源市场整体供求信息。包括求职者市场供求总体情况、产业求职者需求情况、行业求职者需求情况、用人单位需求情况、职业供求情况、求职者构成情况、招聘应聘条件、市场工资指导价位、求人倍率等。

2. 信息的主要来源

（1）求职者信息的主要来源。

1）求职者填写的"求职登记表"。

2）求职者在招聘会、座谈会、洽谈会等活动上登记的信息。

3）乡镇、街道、社区等收集的信息。

4）上门家访收集的信息。

5）求职者在公共就业服务部门办理业务时提交的相关信息。

6）各省、市开发的业务系统中登记的个人基本信息。

7）求职者在公共就业服务机构相关网站（如中国就业网、中国公共招聘网等）登记的信息。

（2）用人单位信息的主要来源。

1）用人单位填写的"用人单位招聘情况登记表"。

2）用人单位在招聘会、座谈会、洽谈会等活动上登记的信息。

3）乡镇、街道、社区等收集的信息。

4）走访用人单位收集的信息。

5）用人单位在公共就业服务部门办理业务时提交的相关信息。

6）各省、市开发的业务系统中登记的用人单位基本信息。

7）用人单位在公共就业服务机构相关网站（如中国就业网、中国公共招聘网等）登记的信息。

8）与社保、医保、税务、工商等部门联动获取的用人单位信息。

（3）人力资源市场供求信息的主要来源。

1）中国就业网、中国公共招聘网等发布的信息。

2）各级政府的电视台、新闻发布会以及官方注册的其他互联网平台发布的信息。

3）各级政府的报纸、期刊等发布的信息。

4）其他大型机构发布的调研信息等。

三、信息采集的原则和途径

信息采集是指按照一定的原则，采取多种方法，采集大量的、零散的、有参考价值的情况，使之成为可加工的素材。

1. 信息采集的原则

信息采集应遵循针对性、准确性、及时性、系统性的原则，以保证信息采集质量达到最基本要求。

2. 信息采集的途径

信息采集的途径可分为常规渠道采集和特别渠道采集。

（1）常规渠道采集。通过行政业务、抽样调查、图书资料、招聘网站等渠道采集信息。行政渠道常使用行政方式自下而上层层采集，如登记失业率来自失业登记。这样能在一定程度上保证信息的真实性，但中间环节多，比较费时间。抽样调查是一种直接入户采集个人信息的方式，如调查失业率来自入户调查。在实际工作中通常采用以一条渠道为主、其他渠道为辅的主辅结合方式，这样采集的信息可以相互补充、印证，比较准确可靠。

（2）特别渠道采集。通过参观访问，实地调查，组织座谈会、洽谈会、咨询会等方式进行采集。对于比较突出的事件或"老大难"问题的处理，通常利用实地调查法收集信息，比如了解分析企业"招工难"问题，要到企业现场进行调查。利用这种渠道收集信息费时短，获得的材料比较真实可靠，但要注意处理好中间环节，应事先打招呼，或事后通报调查结果。

对于一时众说纷纭、是非难定的人或事，人们通常通过组织座谈会的方式采集信息，通过当事人的左邻右舍或单位，即第三方了解情况、收集信息。比如对平台就业的劳动者权益保障问题，要多方了解，听取各方意见，谨防偏听偏信，以免采集到的信息失真。

四、信息采集的步骤

1. 通过信息检索采集信息

（1）信息检索。主要包括手工检索和网络信息检索。

1）手工检索是一种传统的检索方法，它不需要特殊的设备，用户根据所检索的对象，利用相关资料和检索工具就可进行，如在统计年鉴中检索历年就业、失业数据信息。其特点是方法比较简单，容易掌握，但是费时费力。

2）网络信息检索是信息检索技术发展的新趋势，不仅灵活而且快速，如在专门就业网站中检索最新复工复产稳就业的政策信息。网络信息检索要注意以下三点：一要选择专业的检索引擎或数据库；二要选择恰当的关键字；三要使用多个关键字组合来提高检索率。

（2）信息浏览。信息浏览是将搜集到的信息粗略地翻阅一遍，通过浏览，使自己对搜索的信息有初步的认识或大致的了解，为下一步信息筛选打下基础。

（3）信息筛选。信息筛选是在广泛浏览的基础上，根据调查目的的需要，将数量众多的信息分为必用、应用、可用（或备用）、不用等几个部分。筛选的关键在于善于比较，要选取那些有代表性的信息。可以按照以下两种顺序进行筛选：

1）首先从大量信息中筛选出可用信息，其次从可用信息中筛选出应用信息，最后从应用信息中筛选出必用信息。

2）首先从大量信息中先选取必用信息，其次扩大范围选取应用信息，再次扩大范围选取可用（或备用）信息，最后所剩下的就是不用的信息。

（4）信息阅读。信息的阅读一般可分为粗读和精读两个阶段，粗读主要了解信息的总体情况；精读主要对细节情况进行详细了解。

（5）信息储存。信息储存是通过记录信息的方式把有价值的信息资料记录下来，以供分析研究。信息储存是摘取信息的最后一道工序，信息检索的结果通过这一道工序表现出来。

2. 通过实地观察采集信息

（1）确定观察内容。包括被观察者的自然条件和社会环境、行为及造成的后果、相关人际关系等。

（2）选择观察位置。包括如何面对被观察者，保证被观察者在被观察的同时能够保持常态，不受干扰。

（3）进行实地观察。实地观察阶段应注意做好观察记录。记录的方法主要有三种：

1）同步记录，即在观察的同时做详尽的记录，这是丢失信息较少的一种记录方法。

2）事后追记，即在观察以后补充记录。

3）卡片记录，即预先制好插片卡或表格等记录工具，观察时及时在卡片上做记号，这种方法不仅可以提高观察记录的速度和质量，而且有利于分类整理和对观察结果进行定量分析。

（4）整理观察资料。即对观察记录进行整理，包括校核、分类、汇总，目的是使观察记录完整、清楚、准确。

例如到就业见习基地实地观察见习场所、岗位、工作条件和见习实况，直接观察管理者和见习者的行为动态。

五、信息采集的方法

信息采集的常用方法主要有询问法、报告法、登记法、观察和实验法等。

1. 询问法

询问法也称采访法,是指由调查者事先拟订具体的调研提纲,通过相应方式向被调查者询问想要了解的问题,从他们的答复中,采集信息资料。这种调查方法主要包括访问调查法、电话调查法、问卷调查法、计算机网络调查法等。

(1) 访问调查法。访问调查又称访员调查,是指派出调查者通过当面询问被调查对象所拟调查事项,以获得所需资料的一种最常见的调查方法。这种方法比较机动灵活,不受时间、地点的限制,具有回答率高、能深入了解情况、直接观察被调查者的反应等优点,较其他方法能得到更真实、具体、深入的资料。但是这种方法也存在调查所花费的人力、物力、财力的成本比较高,资料受调查者主观偏见的影响大等缺点。

如果通过召开会议集中进行询问调查,那么调查效果与会议组织者的组织能力、业务水平和工作能力有很大关系。采取这种调查方法,被调查者容易产生从众心理,对调查效果影响也较大。

(2) 电话调查法。电话调查是指调查者利用电话同受访者进行语言交流,从而获取信息的一种收集资料的方法。采取这种方法进行调查的主要优点为收集资料快、成本低、有利于分类。其主要缺点为只限于简单的问题,难以深入交谈;被调查者的年龄、收入、身份、家庭情况等不便在电话中询问。

目前电话调查大多是采用计算机辅助式的方法,即调查的问卷、答案都由计算机显示,整个调查的过程,包括电话拨号、调查记录、数据处理等也都借助计算机完成。

(3) 问卷调查法。调查者把事先设计好的调查问卷或表格,通过邮寄、宣传媒介传送或专门场所分发等方式送至被调查者手中,要求被调查者自行填写后将调查表寄回或投放到指定收集点。调查者和被调查者没有直接的语言交流,信息传递完全依赖于调查表。其优点为调查范围大、成本低、被调查者有充分时间独立思考问题。但也存在所用时间长、受被调查者文化程度限制、问卷回收率低等缺点,有些调查单位通常采用有奖、有酬的刺激方式加以弥补。

(4) 计算机网络调查法。随着现代信息技术的发展,计算机网络技术已经被广泛引入信息采集领域,各种组织机构根据调查目的都可以通过计算机网络系统进行快速方便的调查。例如，对一家企业的青年就业情况进行调查，可以结合访问和计算机网络调查法获得总体信息。

2. 报告法

报告法是基层单位根据上级的要求，以原始记录与核算资料为基础，搜集各种资料，逐级上报给有关部门。现行的就业统计报表制度就是采用这种方法搜集资料。

3. 登记法

登记法是指由有关组织机构发出通告，规定当事人在某事发生后到该机构进行登记，填写所需登记的信息。例如，失业登记、退休人员的统计等都采取登记法。

4. 观察和实验法

观察和实验法是指调查者通过直接观察和实验获取信息的一种方法。无论是派员现场调查，还是利用仪器进行现场观测、测量，都视为观察和实验法。例如，在校园招聘中了解毕业生的求职意向，在车站码头了解农民工的就业意向。观察和实验法可以保证资料的准确性，但由于需要花费较多的人力、物力和时间，故在应用上受很大的限制。这种调查方法主要包括直接观察法、实验法等。

（1）直接观察法。直接观察法是指调查者对调查对象的行为和意识，边观察边记录以收集信息的方法。运用这种方法，训练有素的观察员或调查者到重要地点，观测和记录人们的行为和举动，由于调查者不是强行介入的，受访者无须任何反应，因而常常能够获得客观真实的信息资料。

（2）实验法。实验法是一种特殊的观察调查方法，它是在特定的实验场所，对调查对象进行实验以取得所需资料的一种调查方法。根据场所的不同，实验法可分为在室内进行的室内实验法和在市场或外部进行的市场实验法。

以上信息采集的常用方法是从不同角度对信息采集调查的方法进行分类，在实际工作中，各种分类方法不是相互排斥，而是交叉使用的。例如，派出专人与收到邮寄调查表的人进行深入交谈，或在电话调查中发现线索再派专人出访等。具体采取哪种方法，要根据调查目的、任务以及调查对象的特点来决定。

六、注意事项

1. 确定采集场所

在采集信息时，职业指导工作者要根据信息项目的内容和服务对象的特点，确定相应的采集场所以及采集信息的形式（如图文、音频、视频等）。

2. 及时更新信息

职业指导工作者在收集信息后仍需要与服务对象保持互动，及时更新和完善信息。

3. 分类处置问题

对于某些敏感问题、尖锐问题和隐私问题，要慎重处置。

4. 严格查证资料

对采集获得的信息资料，需进一步查证、核实。

5. 尽量控制成本

信息采集时，要充分考虑人力、物力、财力、时间等因素，尽量控制成本，获得实效。

学习单元2　收集和整理服务对象反馈的信息

一、收集反馈信息的原则

1. 真实性

收集的反馈信息必须符合客观实际，保证信息来源的真实性，要经得住推敲和核对，不能为了简便而篡改、虚构或杜撰信息。这是收集反馈信息首要的，也是最基本的原则。

2. 准确性

一是要求收集的反馈信息与工作需求的关联程度高；二是要保证收集的反馈信息内容上的准确性，不能有逻辑错误。

3. 完整性

必须按照标准要求收集反馈信息，要保证信息在内容上的完整，力求反映事物的全貌，不能有遗漏。

4. 时效性

收集反馈信息时，要重视信息的发生时间。例如，使用大众媒体收集意见建议时，要尽可能收集和查阅近两年的资料，有针对性地筛选五年左右的资料，尽量避开十年以上的资料。同时及时整理信息,不能滞后。

二、收集反馈信息的渠道及特点

1. 收集反馈信息的渠道

常见收集反馈信息的渠道包括办理招聘事宜的用人单位和求职者、招聘洽谈会、座谈会等,但同时也要注意结合网络调查、电话调查、短信反馈等其他渠道(如大众媒体等)扩大收集反馈信息的覆盖面。

2. 收集反馈信息的特点

职业指导工作者不仅要了解收集反馈信息的各类渠道,还要掌握其特点,并能够根据工作需要选择恰当的渠道,提高收集反馈信息的质量。各类收集反馈信息渠道特点的比较,详见表2-1。

表2-1 各类收集反馈信息渠道特点的比较

收集反馈信息的渠道	使用频率	可信度	时效性	覆盖面	反馈速度	回收率
办理招聘事宜的用人单位和求职者	高	高	强	小	快	高
招聘洽谈会	较高	高	强	一般	快	较高
座谈会	低	较高	较强	小	快	高
大众媒体	低	低	弱	大	较快	一般
网站调查	一般	一般	一般	大	慢	一般
电话调查	较高	较高	较强	较大	一般	较高
短信反馈	一般	较高	较强	较大	慢	低

三、收集反馈信息的方法

由于信息来源和发布途径不同,收集反馈信息的方法也呈现多元化,常用的收集反馈信息的方法包括上门服务法、电话收集法、问卷收集法、网络收集法、被动收集法。随着社会的发展,职业指导工作者需要与时俱进,充分借助现代科技手段,提高信息收集质量。

1. 上门服务法

上门服务法是指职业指导工作者深入信息发布的一线(如人力资源市场的交流大厅)或深入用人单位、求职者家中,与被访问对象建立信任关系,并通过一系列的上门服务收集反馈信息。

2. 电话收集法

电话收集法分为来电收集法和去电收集法。

（1）来电收集法。指用人单位和求职者通过电话方式向公共就业服务机构咨询有关事宜时，会带来很多信息，职业指导工作者要善于从电话来访中发现相关信息。

（2）去电收集法。指职业指导工作者主动通过电话联系方式向用人单位和求职者询问相关信息，如询问招聘单位的招聘录用情况，询问所推荐求职者应聘情况。主动打电话询问，要使对方感受到职业指导工作者良好的服务意识和专业的服务态度，愿意提供信息。

3. 问卷收集法

问卷收集法是指通过向用人单位和求职者发放问卷的方式进行书面调查，与直接的口头或电话收集法具有不同的特点。如何提高问卷的回收率以及对有效回答或无效回答进行处理，是问卷调查中要特别注意的两个问题。同时，随着互联网的普遍应用，问卷调查法也从过去单一的线下调查衍生出了线上调查，即指职业指导工作者通过线上平台发布调查问卷收集反馈信息。

4. 网络收集法

网络收集法分为内部网络收集法和外部网络收集法。

（1）内部网络收集法。指在本地的人力资源市场网站开辟专栏，先将单位和求职者反馈的信息记录下来，再加以整理。

（2）外部网络收集法。指在社交平台上收集反馈信息，先将信息记录下来，再加以整理。

网络收集法在操作过程中很容易混入虚假信息，一定要加以分析，认真筛选。

5. 被动收集法

被动收集法分为来访收集法和意见箱收集法。

（1）来访收集法。指单位或求职者到人力资源市场办理有关业务时（如用人单位办理空岗登记、录用登记备案，求职者办理求职登记、参加招聘洽谈会或返还职业介绍结果单等），职业指导工作者获得的反馈信息。

（2）意见箱收集法。指在服务大厅放置可以投递纸质版内容的意见箱，以便随时收集反馈意见和建议。

四、收集服务对象反馈信息的要求

1. 选择好收集反馈信息的渠道

职业指导工作者要熟练掌握收集反馈信息的渠道,并能够结合实际工作需要选择恰当的渠道。

2. 确定好收集反馈信息的方法

职业指导工作者要根据服务群体的不同特点选择不同的收集反馈信息的方法,如收集本辖区内用人单位反馈信息时多采用上门服务法和来访收集法;收集失业人员反馈信息时多采用上门服务法和去电收集法;收集高校毕业生反馈信息时多采用问卷收集法,或通过互联网平台发布调查问卷,在线收集反馈信息。

3. 全面收集反馈信息

收集反馈信息时,职业指导工作者要做好详细记录。从以下三个方面进行收集反馈:

(1)满意度收集。服务对象对职业指导服务的满意度评价是改善服务水平的第一个环节,也是收集意见和建议的重要环节。满意度评价涉及两个方面:满意的情况和不满意的情况。

1)满意的情况。职业指导工作者可以请服务对象指出"哪里做得好""为什么觉得好",再总结服务经验用于职业指导工作者技能提升培训,上级公共就业服务机构可以借助经验指导下级机构开展工作。

2)不满意的情况。职业指导工作者要虚心听取服务对象反馈信息,并做好解释和记录工作。职业指导工作者能够立即解决的,应积极与服务对象沟通;职业指导工作者不能立即解决的,应主动告知服务对象已记录其反馈信息并将上报相关负责人。

(2)诉求收集。职业指导工作者要注意倾听服务对象的诉求并结合工作改进服务方式。

1)求职者常见诉求:获取岗位信息、掌握政策资讯、进行职业规划、提升求职技巧、享受就业补贴、推荐培训项目等。

2)用人单位常见诉求:帮助招聘人员、帮助用人指导、帮助留人指导、薪酬绩效指导、规范用工指导、帮助提升人力资源管理者的专业水平等。

(3)意见收集。意见收集主要是收集服务对象对职业指导工作改进的建议。职业指导工作者可以从工作态度、工作效率、职业指导水平、解决问题能力、突出的薄弱环节等方面入手，请服务对象分别提出需要改善的问题以及建议。

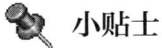 小贴士

选择信息获取渠道要考虑的"七要素"

一、目标总体的特征

目标总体的特征主要是指要获得劳动者的类别、地区分布、行业分布、产业分布等，从宏观层面对劳动者资源做到"心中有数"。

二、可获得的资源

可获得的资源主要包括经费预算、人员、设备和时间。

三、有效洽谈的技术

洽谈技术包括时间安排、倾听技巧、投入方法、语言表达等，运用有效的洽谈技术是采集信息的关键，它有助于职业指导工作者同信息采集对象建立良好的关系。

四、信息的登记内容

信息的登记内容是指采集信息的信息项和指标体系，在信息采集过程中，要确保所填信息满足业务工作的需要。

五、信息的初审

在采集信息时进行初审，有助于及时发现和纠正错误。

六、信息质量的控制

在信息采集工作中，要特别注意对信息的动态跟踪，及时更新。

七、文档的保管

尊重被采集信息者的隐私，防止采集信息的流失。

 相关链接

一、常用获取就业信息的网站

1. 中华人民共和国人力资源和社会保障部官网

2. 中华人民共和国教育部官网
3. 中国就业网
4. 中国公共招聘网
5. 技能人才评价工作网
6. 中国人事考试网
7. 教育部大学生就业网
8. 大学生志愿服务西部计划_中国青年网
9. 中国国家人才网

二、发布职业信息的途径

1. 大众传媒，如互联网、电视台、报纸、电台、期刊等。
2. 公共就业服务机构宣传工具，如公共就业服务机构的电子显示屏、电子触摸屏、信息招聘广告栏、海报、宣传单等常用发布形式。
3. 供求活动，如各种新闻发布会、座谈会、各类线上线下招聘会等。
4. 互联网媒体，如人力资源市场网站、招聘网站、微信公众号等。
5. 其他途径，如人力资源招聘或行业招聘相关微信群、QQ群，企业网站、企业微信公众号等。

思考题

1. 结合信息的来源，谈谈当地可以通过哪些渠道收集有用信息。
2. 结合信息采集的方法、途径和步骤，谈谈如何在当地开展信息采集工作。
3. 简述收集反馈信息的方法。
4. 结合收集服务对象反馈信息工作实际，谈谈应该把握哪些工作要求。

培训课程 2 应用和维护信息库

1. 能熟练、安全应用规定的信息系统和信息库。
2. 能准确输入并汇总、整理供求信息。
3. 能按照要求维护信息库并确保信息库使用的安全性。

学习单元1 信息系统和信息库的应用

一、信息库应用的原则

1. 最小特权原则

最小特权原则是指主体执行操作时，按照主体所需权力的最小化原则分配给主体权力。一方面给予主体"必不可少"的特权，保证所有的主体都能在所赋予的特权之下完成各自的任务或操作；另一方面只给予主体"必不可少"的特权，限制每个主体所能进行的操作范围。

（1）账号分配。系统账号应保证一人一个账号，各级应用、维护部门应合理划分用户组，根据用户承担的职责合理划分用户权限。

（2）系统调试。供应商、远程维护人员和系统开发人员不得拥有在线系统账号，确因系统维护需要，应事先经信息管理部门主管领导书面确认后临时授予操作账号，同时通过日志记录所有操作。

（3）数据操作。未经信息管理部门主管领导书面审批，维护人员不得登录数据库对业务数据进行操作。

2. 最小泄露原则

最小泄露原则是指主体执行任务时，按照主体所需要知道的信息最小化的原则分配给主体权力。受保护的敏感信息只能在一定范围内被共享，履行工作职责和职能的安全主体在法律和相关安全策略允许的前提下，为满足工作需要，仅被授予访问信息的适当权限。敏感信息、知情权一定要加以限制，是在"满足工作需要"前提下的一种限制性开放，即"知所必须"。

（1）密码设置。各类用户在第一次登录信息系统时，应修改用户密码。之后每90天至少修改一次用户密码，且不得使用最近使用过的密码，密码长度不得少于6位。

（2）变更申请。对于用户的增加、删除、权限变更均需提出申请，在得到上级及信息管理部门主管领导书面批准后由系统管理员负责实施。

（3）账号调整。员工离职或调离工作岗位后，应当及时对账号和权限进行调整。

3. 多级安全原则

多级安全原则是指主体和客体之间的数据流向和权限控制按照安全级别划分为5级，分别是绝密（TS）、机密（C）、秘密（S）、限制（RS）和无级别（U）。这体现在信息库应用上，是对所有权限进行适当的划分，使每个授权主体只能拥有其中的一部分权限，使他们之间相互制约、相互监督，共同保证信息系统的安全。如果一个授权主体被分配的权限过大，无人监督和制约，就会存在"滥用权力""一言九鼎"的潜在安全隐患。

（1）角色管理。信息库用户角色分信息系统管理员、业务调度人员、业务管理人员和业务经办人员等。

（2）层级管理。信息系统管理员可根据管理层级分为部、省、市三级，分别负责管辖范围内各类用户的角色创建与管理，为用户分配经授权批准使用的业务系统功能模块，为业务调度人员、业务管理人员、业务经办人员提供系统操作培训和技术指导。

（3）权限管理。业务调度人员负责本辖区各类业务的调度，充分利用系统资源，便捷、快速办理各种业务；业务管理人员主要负责业务审核和审批；业务经办人员主要负责业务受理。

二、信息库应用的内容

1. 信息记载

信息记载一般包括基本信息记载、服务信息记载和跟踪信息记载三部分。

（1）基本信息记载。一般记载来访人员的基本情况和就业失业状况，全面了解来访人员基本信息。

（2）服务信息记载。主要记载工作人员对来访人员的服务信息，如推荐职业情况、职业指导情况、培训情况以及来访人员享受就业扶持政策情况等。

（3）跟踪信息记载。主要记载工作人员对辖区内来访人员的跟踪回访情况，如跟踪回访时间、服务内容、服务结果等。

2. 信息查询

将来访人员的各类信息录入信息系统后，输入该人员的姓名和居民身份证号码后，能够很直观地查询到他的信息，包括个人基本信息、家庭成员信息、失业登记信息、就业登记信息、就业困难人员认定信息、享受失业保险待遇信息、求职登记信息、推荐反馈信息、职业指导信息、享受灵活就业社保补贴信息、享受公益性岗位补贴和社保补贴信息、享受创业贷款及补贴息信息、培训信息、跟踪服务信息等。

3. 自动生成台账

各种基础信息录入后，信息系统将按照需求生成各类业务经办、服务信息等台账，台账的自动生成能减轻基层工作人员的工作量，提高工作效率。

4. 自动汇总统计

各种基础信息记载后，信息系统同样能按照需求进行统计汇总，如辖区失业人数、就业困难人数、充分就业人数、推荐介绍人数等，也可生成预制的统计报表。

三、信息库应用的具体操作

1. 进行信息采集

信息录入遵循"谁录入、谁负责"的原则。按照业务流程要求，由服务对象提供的相关材料，例如身份证、招工简章、营业执照等，须经过业务人员线下审核认证后，才能将相关信息录入信息系统。通过网上数据协同能够获得的材料，可以不要求服务对象提供。要全面、准确、及时录入各类信息，相关信息要保留纸质档案或电子档案和业务办理现场图片，以备审计稽核。要及时更新信息，及时清理错误、空缺信息，确保信息库信息的完整性、有效性、可用性。

（1）端上数据采集。即通过客户端产生的数据，如用户或工作人员在业务受理时提交的数据，通常为人工录入。

（2）开放数据采集。即通过网络中已明确规则的共享开放数据进行比对采集，如全国法院被执行人信息查询、技能人才评价证书全国联网查询、天眼查等诸多国家级开放平台均提供了查询接口。

（3）特定数据采集。通过内部数据交换规则，可以获取特定数据的比对采集，如信息库中涉及人体特征的数据、生存验证数据等。

（4）物理数据采集。针对不同业务规则及在法律法规允许范围内通过硬件采集设备进行现场采集，这类数据往往要通过传感器来进行自动识别采集，如签名板、高拍仪、射频识别、条形码磁条扫描、全球定位系统传感器等。

（5）主观数据采集。通过用户意愿调查等方式，收集用户的态度或意愿。

2. 进行信息查询

（1）精准查询。通过输入姓名、身份证号码、联系电话等精确信息进行个人信息查询。

（2）模糊查询。通过输入近似、不完整的姓名或地址、日期、业务类型等信息进行个人信息查询。

（3）协同查询。通过系统授权的部门数据协同查询端口，可实时查询社保、医保、工商等部门相关信息。

（4）数据提取。通过业务信息系统以 Excel 表格、统计报表、打包数据等形式导出相关信息。

3. 进行统计分析

（1）对比分析。将某一指标与选定的标准进行比较，如当期城镇就业人数及失业率与历史同期比较、与上期比较。

（2）结构分析。对某一项目的子项目占比进行统计和分析，如某职业大类中各小类的招聘与求职比例。

（3）趋势分析。对某一指标连续多个周期的数据进行统计和分析，如某公司历年招聘量、历年工资水平、历年辞职率等。

（4）比率分析。用相对数来表示不同项目的数据比率，如在第三产业就业人员的比重、城乡就业人员的比重等。

四、注意事项

1. 使用内部专用网络

（1）搭建专用平台。按照"统一建设、业务协同、资源共享"的原则，搭建信息库内部专用网络信息服务平台。

（2）明确管理职责。按照业务层级划分，由最高层级业务主管部门负责网络运行维护和全网综合管理。其余层级业务主管部门负责录入和更新数据，开展经办服务和分析、评估，反馈网络系统运行情况。

（3）优化完善系统。内部专用网络开发和建设采用成熟、稳定、适用的技术构架，结合实际业务需要和财力保障适时优化升级。

（4）提供经费保障。建立内部专用网络所需的设施设备、系统软件、技术支持、运行维护、宣传推广等经费保障制度。

（5）强化能力提升。加强内部专用网络服务能力建设，开展业务提升培训和交流，积极储备人才，不断提高经办机构的综合服务能力。

（6）拟订建设规划。建立完善内部专用网络建设制度，收集各地反馈意见，选择其中对网络建设有帮助的建议、意见纳入下一步建设规划。

2. 禁止连接外部网络

（1）物理隔离。严格落实计算机系统内外网物理隔离制度，有条件的地方可单独设置内部网络专用计算机。

（2）专网专用。严禁将信息库系统与公众互联网进行连接。

（3）授权登录。严禁通过未鉴权认证的拨号等形式接入信息库系统。

3. 严格传输设备管理

（1）限制使用。非必要情况下，应尽量避免使用U盘。

（2）严格杀毒。特殊情况下需使用U盘，应经过格式化或杀毒软件检测、杀毒，确保无病毒方可使用。

（3）同网传输。U盘的信息传输原则上限定在内部专用网络计算机之间，不得将在非内部信息系统上使用的U盘直接插入内部网络计算机。

4. 维护信息库内信息安全

（1）安全备份。建立健全信息库安全管理制度，加强技术防护，做好信息库实时存储备份。

（2）日志记录。信息库所有操作均应通过系统日记记载，包括操作人、操作时间和操作内容等详细信息。系统维护人员应定时对操作日志、安全日志进行审查，对异常事件及时跟进解决，并形成日志审查汇总意见。

（3）严格保密。遵守保密规定，未经相关领导批准，不得擅自复制、携带、传播、公开信息库的内容。

5. 按需分配使用权限

（1）信息系统管理员。指能够为信息库系统建立账号及分配权限的用户。

（2）高级用户。指能够对信息库系统内的数据进行查询和修改的用户。

（3）普通用户。指只对信息库系统数据具有查询功能的用户。

6. 加强密码安全管理

（1）禁止转借。用户不得将账户、密码泄露给他人，不得转借他人使用。

（2）初始密码。信息系统管理员创建用户时，应为用户分配独立的初始密码，并单独告知申请人。

（3）更改密码。用户在初次登录系统时，应被强制更改初始密码，修改后的密码不能与初始密码相同。

（4）安全密码。密码不能与用户名或登录名相同，不可选择简单的键盘序列（如 abcdefgh，123456 等），应使用大小写字母、数字或特殊字符组成的密码。

（5）密码重置。当用户登录时，密码输入达到最大错误次数后，系统默认对账户进行锁定，直到信息系统管理员重新启用该账户，相关用户必须按要求重置密码。

学习单元2　汇总、整理和输入供求信息

一、汇总、整理供求信息的原则

1. 真实性原则

真实性是整理资料最根本的要求。汇总、整理所得的资料必须是经过审核的真实信息，绝不能出现夸大薪资水平、杜撰工作经历、虚假描述学历等情况。如果整理出来的供求信息资料不真实，则不能上传录入或公布。

2. 准确性原则

汇总、整理后的信息资料，描述要准确，特别是薪资、工时等数据，如果资料内容含混不清、模棱两可，数据笼笼统统、相互矛盾，也不能上传录入或公布。当然，对准确性的要求应从实际情况出发，能说明问题即可。

3. 完整性原则

汇总、整理反映供求信息的资料时，应尽可能保证资料的全面、完整，以便真实地反映供求信息的全貌。如果资料残缺不全，就可能犯以偏概全的错误，甚至失去研究的价值。

4. 统一性原则

汇总、整理资料时，对于各项指标要有统一标准化的解释；对指标的各项数值，其计算方法、计量单位也要统一。否则，供求信息资料就失去了使用价值。

5. 简明性原则

汇总、整理后的供求信息资料要尽可能系统化、条理化，简单、明了，以集中的方式反映用工单位或求职者的情况。如果汇总、整理后的资料仍然臃肿、庞杂，使人难以形成完整的概念，会给以后的工作增加许多困难。

二、汇总、整理供求信息的内容和操作要求

1. 信息的登记录入及指标体系

（1）登记录入的内容。劳动者供求信息的登记录入主要有两方面：一是将招聘信息登记录入"空岗、采岗登记表"；二是将求职信息登记录入"求职登记表"。

（2）登记录入的主体。采用纸质表单收集信息时，信息的登记录入一般在信息收集完毕后（通常是在对信息进行一些梳理和初步审核之后）进行，登记录入的主体是职业介绍服务机构工作人员。若采用计算机系统收集信息，信息登记录入则与信息收集同时完成，如招聘单位在网上进行空岗登记或求职者在网上进行求职登记，登记录入的主体既可以是联网机构的工作人员，也可以是用人单位或求职者。

（3）登记录入的方式。既可以利用计算机将信息录入人力资源市场信息系统数据库，也可以利用手工将信息录入人力资源市场资料库（如台账）中。目前，有些地区通过建立市、县（区市）、街道（乡镇）、社区（村）的人力资源社会保障四级网络平台，实现了信息的"一点录入，多点共享"。

（4）供求信息。劳动者供求信息的指标体系包括三个方面的内容：

1)对个人信息的表述,如个人的背景资料和求职信息。

2)对单位信息的表述,如单位的基本信息和招聘信息。

3)对整个人力资源市场供需情况的表述,如供需排行榜、求人倍率、行业需求情况、产业需求情况等。

2. 校核和汇总信息

(1)标准化校核。按规则标准校核录入的信息。

(2)完备性检查。检查应调查的单位或个体是否有遗漏,所有调查项目或指标是否填写齐全,调查表是否有缺报或缺份。

(3)逻辑检查和计算检查。

1)检查数据是否符合逻辑,内容是否合理,各项目或数字之间有无相互矛盾的现象。

2)检查调查表中的各项数据在计算方法和计算结果上有无错误。

(4)检查后修正。调查表如有缺报、缺份或缺项等情况应及时补报或补充调查;对于可以确定的错误要及时更正并通知被调查单位或个人;对于存有疑问的数据要进行复核,查出错误并及时更正;对于错误较多的调查表应重新填写。

3. 分类整理供求信息

(1)数字资料的整理。依次分为三个步骤:检验、分组、备份。

1)检验。指检查、验证各种数字资料是否完整和正确。数字资料的正确性检验一般采用三种方法:

①经验判断,根据已有经验判断数字资料是否真实和正确。

②逻辑检验,从数字资料的逻辑关系中检验是否正确和符合实际。

③计算审核,通过各种数字运算审核各项数字有无差错。

通过检验发现数字不真或计算错误等,都应及时查明原因,采取相应措施予以补充或更正。对一切无法补充或更正的数据,应剔除不计,以免影响整个调查数据的准确性。

2)分组。分组是指按照一定标志,把调查的数字资料划分为不同的组成部分。分组的目的在于了解各组事物或现象的数量特征,总体考察各组事物或现象的构成情况等。常用的分组方式有以下四种:

①按质量标志分组,就是按事物的性质或类别分组。如人员可按性别分为男和女,企业可按行业、规模、所有制性质进行分组。

②按数量标志分组,就是按事物的发展规模、水平、速度、比例等数量特征

分组，可以把不同发展规模、水平、速度、比例的事物区分开，有利于从数量上准确地认识客观事物，并对不同数量特征事物之间的相互关系进行分析和研究。例如新注册实体数量、产值和行业分布等。

③按空间区域标志分组，这种方式有利于了解事物在空间区域的分布状况，对不同区域范围内的事物进行对比研究。例如对农民工跨省流动就业人员和就地就近就业人员的统计。

④按时间标志分组，就是按事物的持续性和先后顺序分组，如可按日、按月、按季、按年度分组。有利于把不同时点或时期的事物区别开来，认识事物在不同时点或时期的发展状况，揭示事物变化、发展的规律。例如疫情防控期间企业复工复产的月进度，失业率的季度变化等。

3）备份。将整理好的数据资料安全地进行保存和备份，可以在计算机中备份到不同硬盘，对于一些特别重要的数据，最好保留打印文档的备份资料。

（2）文字资料的整理。依次分为三个步骤：审查、分类、汇编。

1）审查。指仔细推究和详尽考察文字资料是否真实和合乎要求，要注意两点：

①审查文字资料的真实性，就是指通过细究和考察以判明调查所得的资料、观察和访问记录等文字资料本身的真伪。

②审查文字资料的合格性，主要是审核文字资料是否符合原设计要求。如果对调查指标理解错误，计算公式不正确，计量单位不统一，或者回答不符合要求，甚至答非所问，等等，都应列为不合格的调查资料。对不真实或不合格的调查资料，一般应进行补充调查，使之成为真实的、合格的调查资料。如无法进行补充调查，应坚决剔除，以免影响整个调查资料的真实性和科学性。

2）分类。文字资料的分类，是指根据文字资料的性质、内容或特征，将相异的资料区分开，将相同或相近的资料合为一类的过程。进行文字资料分类时要掌握两种方法，即前分类和后分类。

①前分类，是指在设计调查提纲、调查表格或调查问卷时，首先按照事物或现象的类别设计调查指标，然后按分类指标收集、整理资料。例如企业调查提纲分项、人员问卷调查的问答设置等。

②后分类，是指在调查资料收集完成后，再根据资料的性质、内容和特征，将它们分别集合成类。例如，座谈会的记录、随机访问的记录等，都是在搜集资料之后再去做分类工作。

3）汇编。指按照调查的目的和要求，对分类后的资料进行汇总和编辑，使之成为能反映调查对象总体客观情况的系统、完整、简明的材料。

4. 录入供求信息

（1）录入的准确性。录入信息应与原始记录一致。使用简单、适用、具有内容自动复制和简易代码输入替代功能的输入法时，姓名信息要逐字核对，避免同音、近似字。录入栏目背景应醒目、美观。

（2）录入的完整性。尽量对系统中所有信息进行采集录入，确保后台数据有更多的校验参考信息。信息系统应对必填事项加注"*"号进行重要性提示，并设置未填完重要栏目无法保存的功能。

（3）录入的及时性。供求信息收集后应及时发布，如无特别注明，用工信息的有效期一般是30天，求职信息的有效期一般不超过1年。

5. 动态管理供求信息

（1）动态管理人力资源和用人单位基本信息。程序为：收集→整理→存储→应用→反馈。

1）收集。通过填写登记表、调查、访问等方式，广泛收集人力资源和用人单位基础情况及变动情况。

2）整理。按照人力资源社会保障管理的需要，对收集的信息进行分类。例如，对收集的人员信息按新增失业人员情况、失业人员享受就业扶持政策情况、退休人员的变动情况等分类，同时校核信息的真实性。

3）存储。通过建立纸质个人档案和电子档案，建立各类管理台账和基本信息库，对整理后的信息进行存储。

4）应用。通过填写人力资源社会保障统计报表、编写信息简报、撰写工作总结等方式，及时准确地应用存储的信息。

5）反馈。根据信息利用的效果和差异反应，及时对存储的信息数据进行调整和修订，如实反映服务对象的变化情况。

（2）动态管理劳动者求职信息。程序一般为：记载失业人员认领情况→记载入户调查情况→记载就业服务情况→记载动态回访情况→实时查询汇总信息。

1）记载失业人员认领情况，建立基础信息库。认定辖区的失业人员，填写失业人员登记表，并将登记表中的有关内容输入信息系统，建立辖区失业人员信息库。

在我国，大部分地区是在户籍地的公共就业服务机构办理失业登记，有的在县（市、区）公共就业人才服务机构，有的在街道（乡镇）劳动就业社会保障服务中心（所），有的在社区（行政村）劳动就业社会保障服务站就可以直接办理。有条件的地方，可以通过互联互通的就业服务信息网络实现失业人员自动认领。

例如，某市失业人员 A 是在 B 街道劳动就业社会保障服务所办理的失业登记，而他的户籍地是 B 街道的 C 社区，居住地是 D 街道的 E 社区。如果该市对失业人员管理制度是按照"户籍地管理和服务"的，那么当 B 街道工作人员将失业人员 A 的失业登记信息输入信息系统后，系统会将失业人员 A 的信息自动划到 C 社区，他将接受 C 社区劳动就业社会保障服务机构的服务。如果该市对失业人员管理制度是按照"户籍地登记、居住地管理"的，则系统会将失业人员 A 的信息自动划到 D 街道的 E 社区，他将接受 E 社区劳动就业社会保障服务机构的服务。

2）开展入户调查，记载入户调查情况。通过信息系统建立起辖区失业人员信息库后，要组织开展对失业人员的入户调查，并根据失业人员跟踪登记表的要求，一一上门摸清失业人员的基本情况、技能情况、就业和失业状况、就业和培训愿望等，并填写登记表。入户调查后，将调查信息完整输入信息系统中。

3）开展针对性就业服务，记载就业服务情况。在组织开展对失业人员的入户调查后，要根据失业人员的不同情况开展针对性的就业服务，并在信息系统中做相应的记载。例如，推荐培训，需记录失业人员参加培训的时间、项目、类别、培训机构名称以及取得证书情况；推荐就业，需记录推荐时间、岗位、就业单位、结果及收入福利情况；职业指导，需记录指导时间、指导内容和指导人情况；享受政策，需记录失业人员享受创业担保贷款、税费减免、社保补贴、岗位补贴、创业奖励、鉴定补贴、培训补贴、免费职介等情况的时间和金额。

4）开展动态回访，记载动态回访情况。要动态了解辖区内失业人员的情况，就要做到勤走访，特别是对辖区的零就业家庭等就业困难人员，要做到月月跟踪，出现一户，消灭一户，稳定一户。在开展动态回访后，要将回访信息及时输入信息系统。

①输入失业人员基础信息的变更情况，主要是记载信息变更时间和变更内容。例如，学历、联系电话的变化等。

②记载工作人员的回访日志，需要记录服务的时间、内容和服务的结果。

③对退休、死亡、户口迁出、丧失劳动能力等情况做人员减少处理。

5）实时查询汇总，了解总体情况。将失业人员的各类信息及时记载到信息系统后，只要输入失业人员的居民身份证号码，就能看到其个人基本信息、家庭成员信息、失业登记信息、就业登记信息、就业困难人员认定信息、享受失业保险待遇信息、求职登记信息、推荐反馈信息、职业指导信息、享受灵活就业社保补贴信息、享受公益性岗位补贴和社保补贴信息、享受创业担保贷款信息、培训信息、跟踪服务信息等一系列情况，而这些信息均和市、区（县）、街道（乡镇）三级就业服务机构业务系统的信息互联互通、互为补充，以此达到对服务对象"跟踪一生、记载一生、服务一生"的目的。

不仅如此，系统还能根据某地对服务对象跟踪服务频率的要求，查询到辖区跟踪服务人数、应跟未跟人数等信息。例如，某地要求对有就业愿望的失业人员三个月跟踪一次，可利用信息系统选择相应的选项，查询对这类服务对象应跟未跟的人员清单。

三、注意事项

1. 信息的审查校验要准确严谨

审查校验资料是开展后续工作的前提。不管是文字资料还是数据资料，都要严格按照要求仔细进行审查校验，以保障所存资料的质量。

2. 资料的保存管理要规范有序

原始记录是信息动态管理的基础，应做到记录的真实性和经常性，内容应简明易懂，便于填写。台账和统计报表应如实反映人员信息的实际情况，不得伪造篡改，要及时编制和上报，及时、准确地反映信息的变化情况。

3. 信息的纠错更新要客观及时

根据市场的变化，要定期或不定期地整理供求信息资料。及时清理错误信息、填补空缺信息，对已经结束招聘的企业或求职成功的人员应及时更新信息。

学习单元3　信息库维护及安全管理

一、信息库维护的原则

1. 集中管理原则

（1）顶层统一管理。最高层级管理机构负责信息库的运行维护和全网综合管理,主要工作职责是负责信息库的日常维护和运行管理,监测信息库运行情况,汇总、统计、分析各分支管理机构上传的数据,及时收集和整理各分支机构使用过程中存在的问题以及提出的功能修改建议,对下属各级管理人员和操作人员开展业务培训等。

(2)逐级各司其职。各级信息库管理机构负责组织指导工作人员正确使用信息库,主要工作职责是负责本辖区内信息录入工作人员的授权及管理,按照统一的标准和要求及时更新平台信息,建立健全本地安全管理制度,确保信息库规范有序运行等。

2. 规范运维原则

(1)明晰运维内容。信息库的运维内容在生产操作层面又分为计算机硬件平台维护、配套网络维护、基础软件维护、应用软件维护、机房环境维护五部分。

(2)细化运维任务。信息库运行维护管理的基本任务是进行信息系统的日常运行和维护管理,实时监控信息系统运行状态,迅速而准确地定位和排除各类故障,进行信息系统安全管理,提高维护效率,降低维护成本。

(3)健全组织构架。信息库的运行维护管理遵循在统一的领导下,实行分级管理和维护的模式。设立专门机构,牵头组织实施信息系统的维护管理工作,负责制定信息化建设技术规范、作业计划、应急预案,编制技术方案、培训教材,负责全网范围内信息系统的管理、考核和维护。

(4)建立基本制度。建立突发事件管理、信息系统变更管理、维护作业计划管理、信息化检查管理、技术档案和资料管理、备份及日志管理等运行维护工作基本制度。

3. 快速处置原则

(1)组织保障。按照"保证数据安全,保障业务运转"的工作方针,成立信息系统应急小组,决定和部署相关信息系统应急管理工作,负责相关信息系统应急工作方面的日常事务处理及应急响应期间的具体组织协调工作。

(2)预防预警。应急小组在日常工作中,要对信息系统运行安全和网络安全进行监测并排查风险隐患,定期组织演练,加强网络运行安全的宣传和培训工作,提高自身应对网络突发事件的能力。应急小组在收到相关预警后,要及时上报相关领导,通报小组成员,做好应急响应。

(3)应急处理。对自然灾害、电力故障、通信故障、病毒袭击、黑客攻击、网络瘫痪等突发情况,由发现人依据当时情况选择最佳的方案进行应急处理,并在最短时间内向现场行政级别最高的负责人进行汇报，由现场行政级别最高的负责人作出应急处理决策。

二、信息库安全管理规则

1. 严格机房人员和环境管理

（1）机房人员管理。机房应设立机房管理员和系统管理员，负责对机房内各类设备、操作系统进行维护和监控，对进出机房人员进行管理，机房管理员可兼任系统管理员。机房管理员应认真履行机房各项监控职责，每天对机房内各类设备进行巡查并填写巡查日志，及时发现、报告、解决出现的故障并做好记录，定期做好各类病毒查杀，确保信息系统的正常运行。严格机房进出管理，非机房人员未经许可不得入内。确有必要进入机房的外单位人员须征得管理人员同意，并在有关人员的陪同、指导下进行操作。外单位人员未经许可不得使用机房的服务器登录下载各种程序，对违反操作规程者，机房管理员有权制止和纠正。

（2）机房环境管理。机房内应保持清洁，指定专人定期消毒、杀菌，保证机房的安全和卫生。机房内严禁抽烟、吃东西、乱扔杂物、大声喧哗，禁止放置易燃、易爆、腐蚀性、强磁性物品，禁止将机房内的电源外引他用，确保机房安全。做到防静电、防火、防潮、防尘、防热，应注意机房内温度、湿度等参数，发现异常须及时采取相应措施。机房内服务器、网络设备、UPS电源、空调等重要设施应由专人严格按照规定操作，严禁随意开关。系统管理员须严格按照操作规程进行操作，任何人不得擅自更改系统设置。

2. 加强电子证照建设与管理

（1）电子证照建设。电子证照是指经电子签名，与纸质证照文书具有同等法律效力的证照数据电文。主要应用于"互联网+公共服务"体系，推动部门间业务协同共享，社会公众必须经实名认证后方可使用电子证照。

各级信息管理机构应当共同参与电子证照的建设管理和应用推广工作，负责共享本辖区的证照数据，负责实现存量纸质证照的电子化。各类信息系统与所在市大数据管理中心交换共享各类证照数据时，应对证照数据的真实性、准确性、时效性和完整性负责。各级信息管理机构负责本辖区电子证照文件的审核、停用、注销等管理工作。

（2）电子证照管理。各级信息管理机构按规定采取技术措施防止电子证照文件被篡改或伪造。电子证照的服务和管理对象如有伪造证照的，应按照相关规定上报上级管理部门，并依法追究相关法律责任。

服务和管理对象在提交办事材料时，材料中有对应电子证照的，原则上直接使用电子证照；如不选择使用电子证照而选择上传影印文件的，各业务部门在审批时应使用电子证照进行查验。各业务部门应鼓励、引导服务和管理对象使用电子证照。

3. 优化系统和应用软件管理

（1）系统管理规则。应指定专人对操作系统以及各应用系统的应用软件进行管理，删除或者禁用不再使用的系统默认账户；限制和控制使用系统管理工具的人员及数量。

系统审计日志的保存时间至少为180天。应定期进行系统漏洞扫描，及时修补发现的系统安全漏洞；定期安装系统的最新补丁程序，根据厂家提供的可能危害计算机的漏洞，及时进行修补，并在安装系统补丁前对现有的重要数据、文件进行备份。

根据业务需求和系统安全分析情况，确定系统的访问控制策略。系统访问控制策略用于控制分配信息系统、文件及服务的访问权限。对系统账户进行分类管理，设定权限时应当遵循最小授权原则。

（2）应用软件管理。计算机网络使用的系统平台软件、数据库软件、网络软件、安全软件应由专业机构统一购置；上级业务部门下发的应用软件，须经专业机构测试。经测试后投入使用的应用软件，未经同意，任何部门、个人不得擅自修改和反编译，不得将软件提供给其他任何单位和个人。

新建业务系统交付前必须对系统进行安全性测试验收，在测试验收前应根据设计方案或合同要求等制订测试验收方案，在测试验收过程中详细记录测试验收结果，并形成系统验收报告。信息管理机构组织相关部门和人员对系统验收报告进行审定，并签字确认。

按照国家的有关规定选择安全服务商，并与选定的安全服务商签订服务协议，明确约定相关责任，确保选定的安全服务商能够提供优质的技术支持和服务。

4. 完善设备和外网使用管理

（1）机房设备管理。网络设备、计算机以及安全设备进入安装现场时，须由项目相关人员向机房管理员提交设备清单，机房管理员应对照清单，详细核查，并填写"机房设备出入单"。设备迁出机房时，应由相关人员向机房管理员提交经信息管理机构领导签署意见的设备迁出申请，由机房管理员现场监督设备停运、下线、下架全过程，并填写"机房设备出入单"后，迁出机房。机房内所有设备不能交由他人操作（特别是非本部门人员）。未经信息管理机构领导同意，不能擅自在设备上进行任何操作。所有设备未经授权同意，不得擅自改变位置或拆、换任何零件、配件、外设。

（2）外网使用管理。严禁私自修改或泄露计算机的网络参数（工作组、计算机名称、网络地址、网关、域名系统等）；严禁通过外网处理办公事务，防止泄密事件发生；严禁下载、安装未经许可的应用软件及与工作内容无关的程序文件；通过互联网获得的数据、软件等资源，特别是下载的计算机应用软件，应当遵守有关知识产权的法律规定。

5. 注重设备口令和系统账号管理

（1）设备口令管理。口令分为重要口令和普通口令。重要口令包括各级路由器的特权口令和各主机的超级用户口令。普通口令包括各级路由器的普通口令和各主机的普通账号口令。重要口令必须定期更换，间隔时间不能超过3个月。不同设备和不同等级用户之间不得使用相同口令。口令长度应多于6位，且应同时包含字母、数字以及标点符号和控制字符等。各级口令不得使用常用单词、汉语拼音、英文简称、个人信息（如生日、名字）、年份以及常用机器命令等。

口令要由专人管理。重要口令仅限于管理人员掌握，不得透露给他人，各级口令不得以任何形式明文存放在联入互联网主机的电子文档中，不得以明文形式通过网络聊天程序、电子邮件、传真等进行传播。工程施工、厂商技术支持完成后，相关的各级用户口令必须尽快修改。掌握口令的管理人员离开岗位后，有关的各级用户口令必须尽快修改。

（2）系统账号管理。计算机信息系统各登录账号管理工作由信息化管理部门负责。所有部门和个人必须提高安全意识，个人账号由用户自行保留，不得泄露或转借他人使用，不得借用他人账号。不得利用账号从事危害计算机软件系统、硬件系统的活动。

三、信息库维护的要求

1. 建立网络安全制度

（1）专人维护管理。指定专人对网络进行管理，负责网络运行日志、网络监控记录的日常维护，报警信息的分析和处理工作。根据厂家提供的软件升级版本对网络设备系统进行更新，并在更新前对现有的重要数据和配置文件进行备份。

（2）定期核查系统。定期进行网络系统漏洞扫描，及时修补发现的网络系统安全漏洞，确保补丁、病毒库更新后才可入网。保证所有与外部系统的连接均得到授权和批准。明确各类用户的责任和义务，并按照机构制定的审查和批准程序创建用户及权限，定期检查用户实际权限与分配权限是否一致。通过身份鉴别、访问控制等严格的规定限制远程管理账户的操作权限和登录行为。

（3）严格联网管理。内外网主机网络地址及相关设置应统一管理、分配和严格登记，并实行必要的地址绑定，任何部门和个人不得随意改变。所有联网主机必须严格登记造册，任何部门和个人不得私自接入，不得随意变更或互换主机；如因机器或网卡变更需要改变或新增主机，应提出书面申请，经领导签批同意后登记开通。涉密网络与互联网实施严格的隔离制度，涉密与非涉密电脑不得交叉上网。如果一台主机同时连接涉密网络与互联网，必须安装物理隔离卡和双硬盘系统，隔离卡必须由办公室统一安装和登记备案。要定期检查是否存在违反规定拨号上网或其他违反网络安全的行为。

（4）保护账号密码。相关业务操作人员要妥善保管好账号和密码，严格保密并定期修改密码，严防密码外泄。按"谁上网谁负责、谁操作谁负责"的原则，上网部门和个人不得随意发布和传播与业务、政府公务等相关的信息。需发布的，须经相关审核、审批程序后才可发布。

2. 建立防毒管理制度

系统维护人员应及时检测、清除全局范围内计算机信息系统中的计算机病毒，并做好病毒检测和清除记录。在采购计算机病毒防治产品时，须选用具有计算机信息系统安全专用产品销售许可证的产品。

任何个人在从网络上下载程序、数据或者购置、维修、接入计算机设备时，应当进行计算机病毒检测。所有接入互联网的计算机应使用经公安机关检测合格的计算机病毒防治产品，并定期升级，确保计算机不受已知病毒的攻击。对于联网的计算机，未经批准，任何人不得向计算机网络拷入软件或文档。任何计算机需安装非指定的软件时，须提出书面报告，经部门负责人同意后安装。所有计算机不得安装游戏软件。

3. 建立数据备份制度

数据备份工作是系统出现故障甚至崩溃时的重要恢复手段，是安全工作的重中之重，必须高度重视。备份工作分两类：

（1）骨干网络设备的备份。骨干网络所有设备配置均应保留备份，同时将配置以电子文档的方式复制后，放置在安全的服务器中，若设备配置有所变动，应待设备运行稳定后将配置重新备份。

（2）主机的备份。主机的备份分两种，一种是数据的备份，需要做数据备份的服务器有域名服务器、数据库服务器、电子邮件服务器、WWW服务器等；另一种是系统配置的备份，所有主机均应有较详细的系统配置备份，以便系统的恢复。应定期对重要数据进行完全备份和增量备份，并妥善保存存储设备。运行维护工程师必须保证存储设备的有效性和安全性。

四、注意事项

1. 培训好运行维护人员

对管理人员、系统应用人员进行培训，主要是通过分功能、分步骤地完成本系统的全部管理和应用培训，使相关人员能独立、熟练地操作系统并完成相关业务。通过培训，一方面，能够帮助各级操作人员熟练应用本项目支撑环境顺利完成各项日常工作；另一方面，能为业务管理人员提供相应的业务指导，帮助他们提升灵活运用系统的能力。

2. 落实好各项审批制度

审批制度包括账号管理审批、系统变更审批、软件管理审批、设备管理审批、出入机房许可、信息保密制度等，是规范工作流程、保障信息系统安全运行的有效途径。

在日常管理中，如果增加、删除用户账号，变更用户权限均需先提出申请，经书面批准后由系统管理员负责实施。供应商远程维护人员和系统开发人员因网络维护需要，必须使用在线系统账号时，应事先经信息管理部门主管领导书面确认。在重要系统变更前，应向主管领导申请，变更内容和变更方案经过评审、审批后方可实施。各类应用软件须经专业人员测试，请示主管领导审批后方可使用。拆换任何零配件、外设，设备迁出机房时，应提出书面申请和迁移方案，经审批后实施。

3. 运用好信息系统日志

系统日志应每月备份并存档，保存周期至少为半年。信息管理部门每周应对网络设备、主机系统、安全设备的各种日志内容进行检查，从中分析可能存在的安全风险，并形成安全周报。业务应用系统的使用部门负责每月对应用系统日志实施检查及分析工作。

小贴士

系统日志包括生产系统的操作系统日志、应用系统日志及数据库日志。日志按级别分类分为：FATAL——需要立即被处理的系统错误；ERROR——该级别的错误也需要马上被处理，紧急程度要低于FATAL；WARN——系统可能出现问题，需要日常多关注，尽量修补可能出现的问题。

思考题

1. 简述信息库应用的三个原则。
2. 信息库应用内容有哪几个方面？
3. 简述供求信息汇总、整理的原则。
4. 如何对供求信息进行汇总、分类整理？
5. 数据库备份分哪几类？
6. 结合实际工作，试述如何确保信息库安全管理。

培训课程 3 电子屏发布

学习目标

1. 能根据服务对象特点或各类活动需要，适时发布图文及音视频信息。
2. 能优化发布效果。

学习单元1 适时发布图文及音视频信息

一、电子显示屏信息发布的原则

1. 合法原则

发布的信息要符合政策要求。人力资源市场供求信息发布须遵守《中华人民共和国广告法》《中华人民共和国劳动法》《网络招聘服务管理规定》等法律法规以及地方有关人力资源市场管理信息发布的规章制度。

2. 公正原则

信息发布要公正。公正性有两个最重要的标志，一是不偏私，二是不歧视。除法律法规有特殊规定外，处理职业供求信息不能有任何特殊照顾行为，更不能有任何歧视行为。

3. 及时原则

发布的信息要及时。劳动者供求信息的有效期是有一定时限的，必须根据其时限要求掌握好信息发布的时机、方式和次数。

4. 真实可靠原则

信息发布要遵循"谁发布、谁负责""谁审批、谁负责"的原则，保证信息内容的真实性、准确性、完整性和安全性。严格执行安全保密制度，不得发布违反国家法律及地方性法规的信息，不得发布与党的各项方针、政策相违背的信息，不得制作、复制和传播各类不健康信息，不得发布虚假信息。

5. 尊重隐私原则

信息发布要尊重供求双方的意见，保护他们的隐私。只有让职业供求的双方按照自己的意愿发布信息，并在平等的基础上自愿选择，才能保证职业介绍的成功率。

6. 审核后发布原则

建立完善的信息发布登记制度，信息发布前填写"信息发布审核登记表"，所有报送信息及其审核负责人审核签字的审核登记表要存档保存，以备查阅。

二、电子显示屏分类

电子显示屏也称 LED 显示屏，可以按颜色和使用场合分类。

1. 按颜色基色分类

（1）单色 LED 显示屏。

（2）双基色 LED 显示屏。

（3）三基色 LED 显示屏。

2. 按使用场合分类

（1）室内 LED 显示屏：室内 LED 显示屏点间距较小，在阳光直射或照明环境中，观看距离一般在 3 米之外。

（2）户外 LED 显示屏：户外 LED 显示屏点间距较大，观看距离较远，由于户外光线比较强，所以 LED 显示屏的发光亮度也会比室内屏高很多。

（3）半户外 LED 显示屏：半户外式 LED 显示屏在室内与室外之间，屏体是密封的，一般安装在屋檐下或橱窗内。

三、电子显示屏信息发布的操作步骤

1. 打开软件

在电脑上安装电子显示屏驱动程序软件，双击鼠标打开软件（软件名称如 LEDPLAY 等），也可右击鼠标，选择"打开"来运行驱动软件。

2. 新建页面

按照驱动软件系统菜单设置，新建显示屏文件菜单："新建显示屏"。

3. 设置参数

打开"设置菜单"，选择"设置屏幕参数"。打开"屏幕参数设置"对话框，点击"屏幕参数配置选项卡"，根据厂家提供的数据选择"控制组件型号""连接端口号""通信方式""波特率""显示长度""屏幕类型""OE极性""点阵数据""扫描方式"等参数。"高级配置"一般不用调，最后点击"设置屏幕参数保存"就可以了。

4. 输入内容

（1）文字内容。输入文字时，在工具栏上点击"节目"，然后点击"字幕"（一个节目内可设多个字幕，但多个字幕间不能有重叠的部分），在下方工作区内可输入要显示的内容（在显示区可以看到显示效果，在显示区中点击可调节字幕大小和宽度：点击拖动上下左右四个控制点即可调节）。

（2）添加时间。在工具栏中点击"时间"，增加一个时间表（需要时才操作），在工作区内可调节时间显示类型，分别有单行显示和多行显示。可以调节显示内容：＿＿＿年＿＿月＿＿日、星期和时分秒。也可以更改时间上文字的字体和字号等。

（3）添加表盘。在工具栏上点击"表盘"即可（操作区一般不用调，步骤忽略）。

（4）添加农历。在工具区中点击"农历"即可添加（在操作区里可以对农历的字体和字号进行更改）。

（5）添加边框。勾选屏幕右下方"操作区"中的"显示花边"，花边图案内有各种花边的样式供选择。可以对其进行移动速度和步长的设置，还可以选择显示效果。

5. 插入U盘

设置与编辑完成后，可以点击工具栏上的"预览"，观看效果。然后插上U盘，点击工具栏上的"发送"按钮，保存至U盘。最后将显示屏通电，将U盘插到显示屏的数据线上就可以发布信息了。

电子显示屏软件操作示例

1. 安装、打开电子显示屏控制软件

双击光盘里面的安装包文件即可安装软件,安装完成后会在桌面出现软件图标,双击图标,即可进入 LED 显示屏控制软件主界面(见图 2-1)。

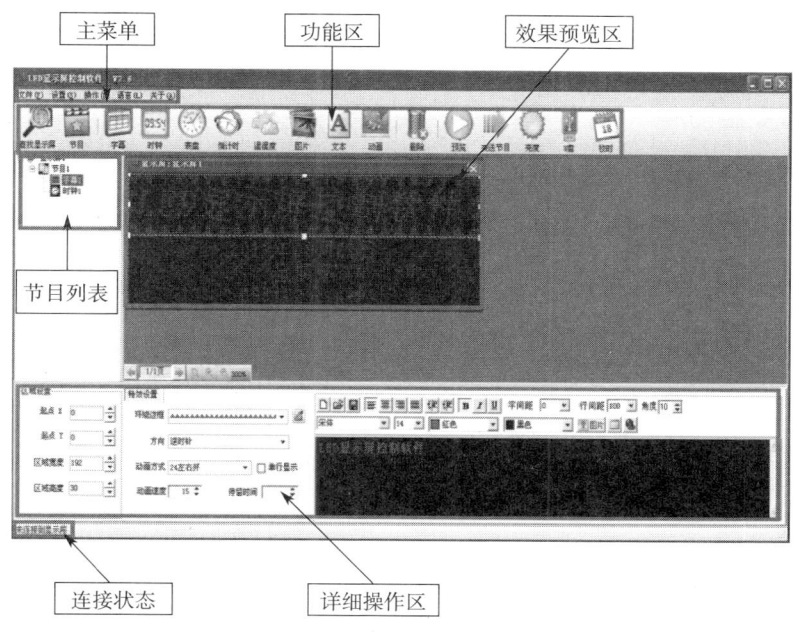

图 2-1 LED 显示屏控制软件主界面

2. 进行控制卡查找和显示屏设置

(1)控制卡连接显示屏和电脑后,点击工具栏里面的"查找显示屏"(见图 2-2)。

图 2-2 查找显示屏

（2）使用串口卡或者网口卡连接会自动显示控制卡的型号和版本号（见图2-3、图2-4）。

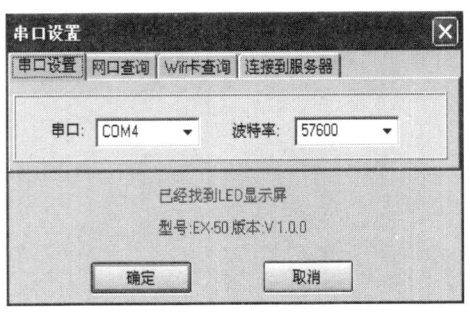

图2-3　显示屏设置（一）

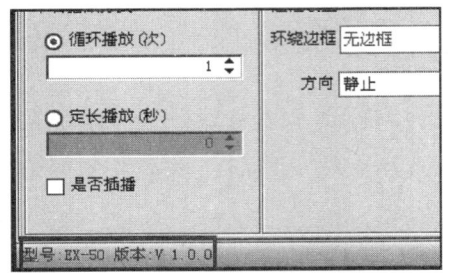

图2-4　显示屏设置（二）

（3）点击"屏参设置"按钮（见图2-5）。

图2-5　屏参设置（一）

（4）输入密码（见图2-6）。

（5）设置好屏参后点击"设置屏参"按钮（见图2-7、图2-8）。注：设置屏参里面有一些常用的单元板参数供参考选择。

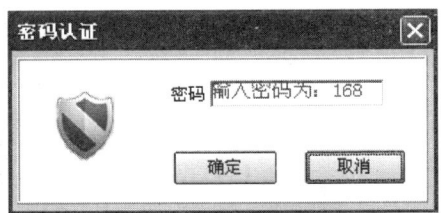

图2-6　输入密码

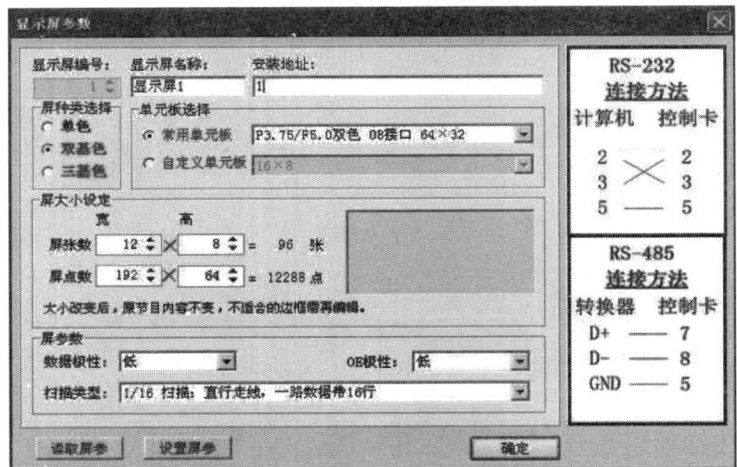

图2-7　屏参设置（二）

职业模块 2　信息采集与发布

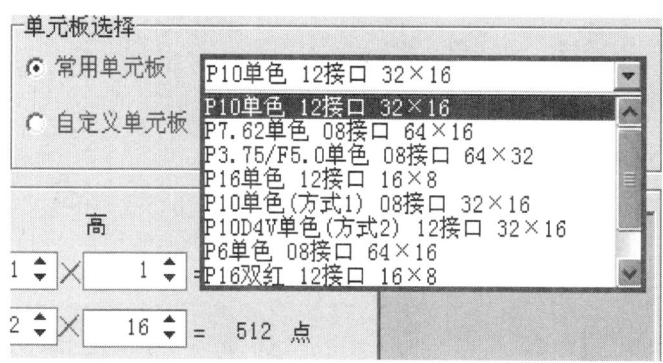

图 2-8　屏参设置（三）

3. 编辑节目

（1）设置好屏参后，首先点击工具栏里面的"节目"按钮即可进入节目，编辑节目（见图 2-9）。

图 2-9　编辑节目

（2）点击"节目编号"可以设置节目播放时段和次数（见图 2-10）。

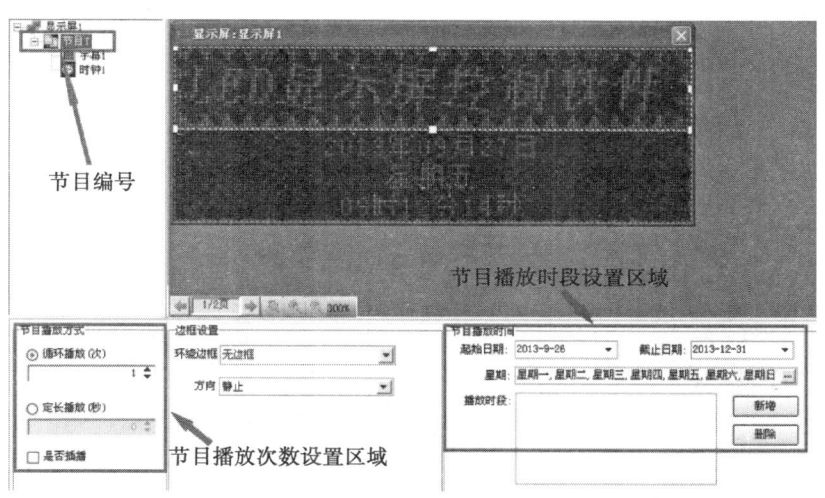

图 2-10　设置节目

（3）在工具栏选择不同的节目类型可以进一步详细编辑节目内容（见图 2-11）。

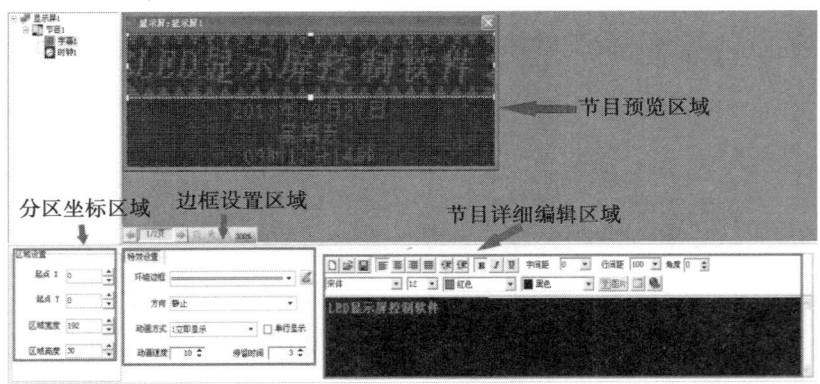

图 2-11 编辑节目内容

（4）任意分区设置（见图 2-12）。

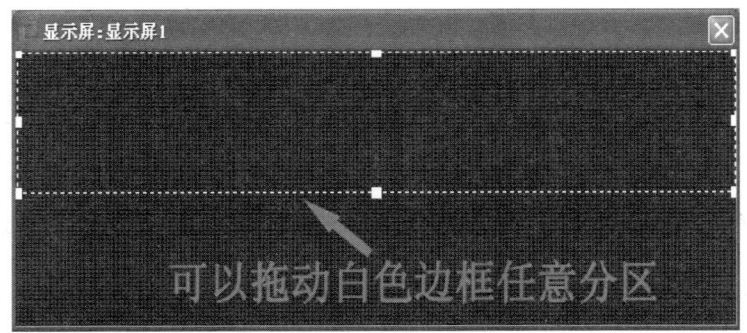

图 2-12 任意分区

（5）点击"预览"按钮，可以动态真实观看节目效果（见图 2-13）。

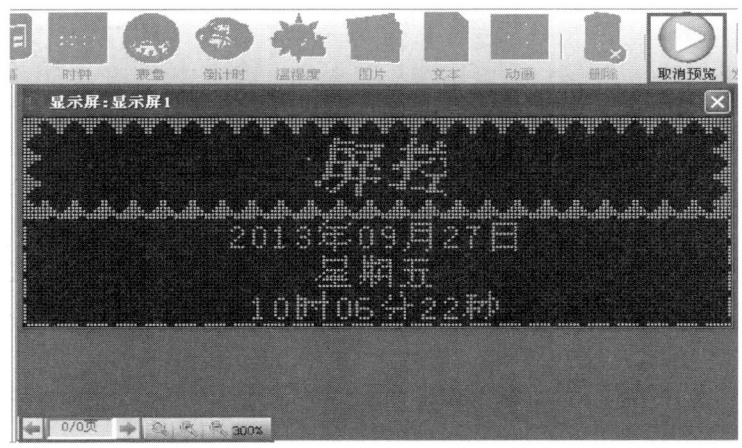

图 2-13 效果预览

4. 发送节目

节目效果满意之后点击"发送"按钮即可发送节目（见图2-14）。同时，还可以选择不同的显示屏，发送不同的节目。

如果使用的是U盘控制卡，可以直接点击"U盘"按钮发送节目。选择正确的U盘发送，同时可以调节亮度和校准显示屏时间，定时开关机（见图2-15）。

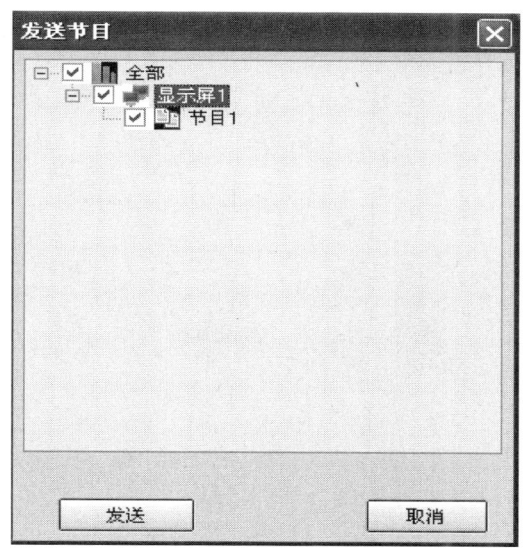

图 2-14　发送节目

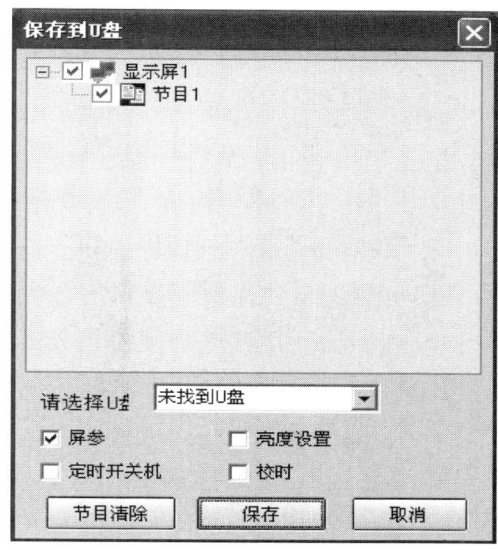

图 2-15　节目保存到 U 盘

四、设置 LED 电子显示屏滚动播放

一般 LED 电子显示屏内都有控制卡，它的作用是把用户编写的文字内容转换为显示屏能够显示的点阵图形格式。控制卡装在显示屏背部，和各个显示模块直接通过排线连接，控制卡的生产厂家都会免费提供自己的图文编辑软件给客户使用。

滚动播放是通过 LED 电子显示屏控制卡软件设置的，一般控制卡软件上都有很多特技可选，常规的可以选连续上移/下移/左移/右移来实现滚动播放，有的控制卡支持 45 种特技，特技效果非常好。

一般 LED 滚动显示屏控制卡相互之间不通用，用哪家的控制卡就用哪家的软件，用该软件制作好节目，上传到显示屏后面的控制卡里即可。节目上传的方式有通过 U 盘插拔、网络口，或者用无线 Wi-Fi 等。首先需要确定显示屏内控制卡的厂家型号，然后在相应的官网下载软件即可。

在安装门头门楣显示屏时,厂家通常会提供对应的 LED 字幕修改软件。

每个厂商因为其编写的方式、习惯不同,所以每家公司与 LED 字幕配套的软件都有所不同。当然或许有些公司采用统一的编程规范,那么就可以使用统一的字幕修改软件来控制。

五、电子显示屏的维护保养

1. 确保供电电源稳定、接触良好

保持供电电压稳定,在恶劣的自然条件下,特别是雷电交加的天气尽量不要使用。遇到电子显示屏电源开关跳闸时,要及时检查电源开关是否良好。开关电子显示屏时,时间间隔一定要大于 10 分钟。

2. 避免电子显示屏受到损坏

尽可能地避免对电子显示屏造成擦拭上的伤害,特别是在清洁屏幕时,要尽量轻轻地擦拭,把损伤降到最小。保持电子显示屏使用环境的湿度,以免电子显示屏因受潮而受到损坏。

3. 对电子显示屏进行定期检查和维修保养

定期检查电子显示屏挂接处是否有松动。如出现松动,应及时调整、加固或更换新吊件。安排专业人员对电子显示屏进行维修保养。没有专业人员在场时,不得在开机的状态下对电子显示屏线路进行检查维修,不得随意拆卸、拼接屏体。

六、注意事项

1. 要筛选信息发布的内容

信息发布的内容要有针对性,宜选择当地人力资源市场最需要的供求信息。

2. 文字要规范、简洁,无错别字

信息发布前必须认真校对和审核,确认信息内容无误。

3. 提前设定播放时间和播放效果

建立电子显示屏使用管理制度,确保电子显示屏使用获得最大社会效益。

学习单元 2　优化发布效果

一、选择发布时段的基本原则

1. 讲求经济性原则

公益性服务机构的室内电子显示屏，在非工作时间应关闭。室外的电子显示屏在夏季或气温较高的地区应分时段安排播放，各时段中间应关闭电子显示屏，确保电子元件散热良好。

商用电子显示屏发布信息，可选择包月、包年发布或以公益广告的方式发布，以减免发布费用。

2. 注重受众面原则

根据目标受众群体有针对性地选择播放时段，以达到信息传播面最广泛的效果。室内电子显示屏可以集中在上班时间或组织召开小型现场招聘会、供需对接洽谈会等求职人员较多的时间段发布信息。室外电子显示屏应综合考虑发布场所人流量、求职岗位信息针对群体以及文案内容、版式、表现力等因素来确定播放时段。

3. 选择人员流动密集时发布

按照经济性最优和受众面最广的原则，选择目标受众群体最集中的地点或时段发布供求信息。如在车站、码头、机场、电影院、政务服务中心和学校等地的工作服务、候车候机、候影散场和课间放学等流量密集的时段，使用电子显示屏发布信息，以达到最优的信息传播效果。

二、电子显示屏信息发布

1. 整理发布内容

对采集到的供求信息，要进行初步的审核、分类和筛选整理。在这个环节中，要把握三点：一是要精挑细选，筛选出适应市场需要的有效供求信息，剔除无效信息；二是要有针对性，选择重要的信息项发布，不能"胡子眉毛一把抓"；三是要将信息进行有效分类，以便按类发布信息，方便用人单位和求职者查询，提高对接效率。

2. 确定发布内容

根据不同的情况确定待发布信息的周期、时间和信息项等内容。

（1）岗位信息。岗位信息发布的周期可根据企业招工简章有效期确定。岗位信息应包含用人单位基本情况、招聘人数、招聘条件、工作内容、工作地点、基本劳动报酬等内容。不得在电子显示屏上发布用人单位经营状况。

1）企业岗位信息。指各类企业发布的岗位招聘信息。

××企业前端开发工程师招聘信息

工作性质：全职

薪资范围：10 001–15 000元／月

招聘人数：若干

发布时间：2021-08-06

截止时间：暂无

工作地点：××省××市

工作职责：

1. 负责软件产品前端的表现层及与前后端交互的架构设计和开发。

2. 参与软件需求讨论，并从信息系统开发的角度分析、解决问题。

3. 负责优化代码并保持良好的兼容性，配合后台人员实现产品界面和功能。

4. 负责跟进解决用户在产品使用中遇到的问题，负责前端新技术的调研、引入、整理和应用。

任职资格：

1. 本科及以上学历，计算机、软件工程及相关专业，有2年及以上前端开发经验。

2. 熟悉JS、CSS、HTML5，熟练使用三大框架（Anuglar、React、Vue），能解决常见浏览器的兼容性问题，具有前端性能优化能力。

3. 具备较强的沟通能力、协调能力、分析和解决问题的能力、团队合作精神和服务意识，具备良好的公文写作能力。

2）公益性岗位招聘公告。指各类机关事业单位发布的公益性岗位安置人员招聘信息。

××就业服务管理局关于公开招聘2022年城镇公益性岗位人员的公告

为促进就业困难人员（经公共就业服务管理机构认定的大龄、低收入家庭成员、残疾人、连续失业一年以上人员等）就业，规范安置公益性岗位人员，根据有关单位的用工需求，拟面向社会公开招聘公益性岗位人员294名（详见附件1），现将有关事项公告如下：

一、招聘条件

1. 持"就业创业证"，并经过公共就业服务管理机构认定的就业困难人员。
2. 身体健康，具有就业能力，能够胜任拟聘用岗位的工作任务。
3. 同等条件下，优先安排符合岗位条件的零就业家庭成员和距离领取养老保险待遇不足5年的人员。

二、用工形式

符合安置条件的人员与用人单位双方达成意向后，由用人单位确定拟聘用人员，报就业服务管理局向社会公示，公示无异议的，用人单位与聘用人员签订"公益性岗位劳动合同书"，劳动合同期限不超过3年（距离领取养老保险待遇不足5年的聘用人员，其劳动合同期限可至领取养老保险待遇时）。

三、报名方式

符合申请公益性岗位安置条件的就业困难人员，请于2021年12月31日前持本人身份证明到县就业服务管理局填写"公益性岗位就业人员申请表"（附件2），由县就业服务管理局向有关单位推荐。

四、咨询电话

******

附件：1. 2022年城镇公益性岗位信息表（略）
 　　　2. 公益性岗位就业人员申请表（略）

3）公务员招考信息。指国家统一考录公务员的公告。

××省2022年上半年公开考试录用公务员331名

根据《中华人民共和国公务员法》《公务员录用规定》《××省公务员录用实施办法》等规定，经中共××省委组织部批准，决定2022年上半年面向社会公开考试录用公务员（参照管理工作人员）331名。

报名方式：本次招录采取网络方式报名。

报名时间：2022年2月24日至3月2日上午8:00。

报名网址：××省人力资源和社会保障厅官网"人事考试"专栏。

招聘详情：

1. 招考对象

2022年高校应届毕业生和符合职位要求的社会在职、非在职人员。2022年高校应届毕业生一般应于2022年7月31日前取得相应学历学位证书；其他人员应于面试资格审查前取得相应学历学位证书等。未在规定时间内取得有关证书的，不予进入下一步考录环节或不予录用，责任由本人自行负责。

定向2022年高校应届毕业生招考的职位，除2022年高校应届毕业生外，以下两类人员也可报考：一是国家统一招生的2020年、2021年普通高校毕业生离校时和择业期内（国家规定择业期为2年）未落实工作单位，其户口、档案、组织关系仍保留在原毕业学校，或者保留在各级毕业生就业主管部门（毕业生就业指导中心）、各级人才交流服务机构和各级公共就业服务机构的毕业生；二是2021年7月31日至2022年7月31日期间取得国（境）外学位、完成教育部门学历认证且未落实工作单位的留学回国人员。

2. 考试时间、地点

笔试时间和地点：笔试时间为2022年3月26日（星期六）。

面试时间暂定为2022年5月20日至22日。

考试分为笔试和面试，在考试内容上体现分类分级原则。考试总成绩按满分100分计算。笔试、面试成绩分别占考试总成绩的60%、40%。

笔试成绩＝行政职业能力测验成绩×30%+申论成绩×30%+笔试加分。

（2）求职者信息。人力资源服务机构从事招聘服务时收集、使用个人信息，应当遵守法律、行政法规有关个人信息保护的规定。求职信息一般包括求职者姓名、性别、年龄、学历和求职意向。发布求职信息时，可将姓名模糊为"某先生"或"某女士"，不得在电子显示屏上发布个人身份证号码、住址、联系方式等涉及求职者个人隐私的信息。

肖先生的求职信息

姓名：肖先生

性别：男

年龄：36 岁

民族：汉族

最高学历：大学专科

工作经验：5 年

期望职业：项目管理

期望职业性质：全职

期望工作地点：******

到岗时间：一周内到岗

最低薪资要求：6 000 元／月

3. 确定发布时间

根据用工单位的招聘需求，选择受众面最广的时段及时发布岗位信息。按照求职人员的求职意向，选择用人单位的工作时间进行匹配和发布。要定期核实更新电子显示屏发布的求职岗位信息。

4. 审核文字

保证所发布的信息内容翔实、准确、有效。坚持"谁发布、谁负责"的原则，确定专人作为信息发布文字审核负责人，防止出现错别字、病句和无关内容。严格执行安全保密制度，不得发布各类不健康信息、虚假信息和与工作无关的广告信息。不得含有以下内容：反对宪法所确定的基本原则；危害国家安全，泄露国家秘密，颠覆国家政权，破坏国家统一；损害国家荣誉和利益；煽动民族仇恨、民族歧视，破坏民族团结；破坏国家宗教政策，宣扬邪教和封建迷信；散布谣言，扰乱经济秩序和社会秩序；散布淫秽、色情、赌博、凶杀、暴力、恐怖或者教唆犯罪；侮辱或者诽谤他人，侵害他人名誉、隐私和其他合法权益；法律、行政法规禁止的其他内容。

5. 按程序审批

信息发布内容需经部门负责人审核，经单位负责人复核后登记，并存档保存，以备查阅，审核无误后再上传至电子显示屏管理人员，按内容要求发布。关系重大事件的信息必须上报单位主要领导审核同意后方可发布。

三、温馨提醒发布

1. 温馨提醒的基本范式

温馨提醒是指用婉转温馨的话语提示和规范人们行为的一类标识。随着社会文明的不断进步，越来越多的警示语被温馨提醒所取代，"请不要""请勿""禁止""不允许"……此类的语言越来越少，取而代之的是温馨的、婉转的、使人更容易接受的话语。一个小小的温馨提醒既告诉了人们该做什么，不该做什么，又温暖了人们的心田。比如："前进一小步，文明一大步""珍惜生命之源——水"。

（1）天气状况温馨提醒示例。天气状况温馨提醒是用温和、婉转的语言，表达各种天气变化时需注意的事项，体现对被提醒者的关怀、爱护之意。

1）雾霾天气，请减少外出。

2）天气降温，请添衣保暖，多喝热水，注意安全。

3）雪天路滑，出行时请您注意防滑。

4）早晚温差大，加强自我防护避免感冒。

（2）工作场所温馨提醒示例。工作场所温馨提醒是用阳光、愉悦的语言，表达对员工的人文关怀和激励。

1）又是一个明媚的清晨，为了理想而努力奋斗吧。

2）忙碌一天，感谢支持，回家路上请注意安全。

3）新的一天，新的心情，新的开始，带着愉悦的心情，开开心心地上班。

4）阳光总在风雨后，未来始于当下。

（3）职业介绍温馨提醒示例。职业介绍温馨提醒是用规范、亲切的语言，表达对求职应聘和企业招工行为规范的提示，体现对被服务对象的关心、提醒之意。

1）人力资源市场服务场所提醒。欢迎到人力资源市场求职！为使您安全、及时地找到一份满意的工作，特提示各位朋友：

①求职前请详细阅览张贴在求职大厅的"求职须知""求职服务流程"等资料。

②所有推荐行为均在人力资源市场内进行，请求职者注意，谨防上当受骗。

③所有工作人员均会佩戴工作证进行服务，请求职者注意，谨防上当受骗。

④请妥善保管好个人物品，防止财物丢失或被盗。

2）面谈面试应聘提醒。

①人尽其才，才尽其用。

②职业发展是大事，职场生涯从这里开始。

③诚心、信心、平常心，言谈举止显修为。

④发挥个人特长，掌握就业机遇。

3）招工提醒。

①用人单位招用人员应如实告知工作内容、工作条件、劳动报酬等情况，避免劳动争议。

②招用员工应当订立书面劳动合同，依法保障双方权益。

③不得扣押证件或收取财物，避免违法违规。

④招用员工应缴纳社会保险，承担企业社会责任。

2. 编辑温馨提醒用语的常用方法

（1）对比手法。对比手法是把对立的意思或事物以及事物的两个方面放在一起做比较，让读者在比较中辨别是非，突出事物的本质特征，加强感染力。例如："今天工作不努力，明天努力找工作。""今天我们做了别人做不了的，明天我们收获别人想不到的。""不为失败找借口，要为成功找方法。"

（2）拟人修辞法。即把没有生命的物品，描写成有生命的样子。例如："阳光总在风雨后，成功总在努力中。""风帆起航，事业发展。春风拂面，服务暖心。"

（3）押韵口诀法。把提示语变成押韵的口诀来帮助记忆。例如面试前，可提示应聘者："第一印象很重要，进门要带三分笑；服饰要走简约派，文明有礼人人爱。"提示职业指导工作者礼貌接待："初次见面三动作：请坐、问候和微笑。"

四、注意事项

1. 重要信息 24 小时滚动发布

对时间要求紧急、需求量大的供求信息，或重要事件、疫情防控信息等，应全天滚动发布，并与宣传单、报纸、电视、电台、互联网媒体和乡村广播等同步发布，在最短的时间内达到全民皆知的效果。

2. 内容要紧扣主题，并体现人性化

发布在电子显示屏上的供求信息内容要准确、直观、清晰，尽量使用标准化服务用语、温馨提醒用语和文明礼貌用语，充分体现人性化服务要求。

3. 版面设计要有吸引力

信息发布排版要合理，主题明确，字数不能太多，字体大小要满足远处观看需要，颜色选择要柔和、醒目、大方，整体版式一目了然。同时，版面设计要新颖，具有一定艺术感染力，符合主题内容的特点需要，让受众群体印象深刻、乐于接受。

思考题

1. 电子显示屏信息发布的原则是什么？
2. 电子显示屏信息发布有哪几个步骤？
3. 结合工作实际，谈谈如何做好电子显示屏信息发布前的准备工作。
4. 结合本地职业指导工作需要，编辑求职和招聘的温馨提醒用语。

培训课程 4

触摸屏发布

1. 能指导服务对象进行自主自助式求职。
2. 能及时反馈服务对象在使用触摸屏过程中的意见建议。

学习单元　指导服务对象进行自助求职

一、触摸屏发布内容

1. 就业创业政策与形势分析类信息

（1）就业创业政策信息。包括就业政策、创业政策、培训政策和失业保险政策等各类政策信息,以及具体的申办对象、申办条件、办理层级、办理方式和所需资料。

1）就业政策信息。包括就业登记、失业登记、就业见习补贴申领、求职创业补贴申领、离校未就业高校毕业生登记、高校毕业生社保补贴申领、就业见习岗位申报、就业见习申请、就业创业证查询核验、就业困难人员认定、就业困难人员灵活就业社保补贴申领、公益性岗位补贴申领、零就业家庭认定申请、公益性岗位申请、企业吸纳就业税收政策人员认定申请、企业（单位）招用就业困难人员补贴申领、吸纳高校毕业生就业奖补申领等政策信息。

2）创业政策信息。包括创业担保贷款申请,就业困难人员、返乡农民工、高校毕业生等群体创业补贴申领，大学生创新创业园区（孵化基地）认定申请，高校毕业生创业担保贷款贴息申领，创业培训补贴申领，创业专家咨询服务，创业项目查询服务等政策信息。

3）培训政策信息。包括就业技能培训班开班申办，就业重点群体生活费补贴申领，创业培训班开班申办，重点群体技能培训、企业职工技能培训、企业新型学徒制培训、技师培训的开办和补贴申领，阶段性以工代训政策，职业鉴定补贴等政策信息。

4）失业保险政策信息。包括失业保险待遇申领，领取失业保险待遇期间的生育补助金申领、丧葬补助金和抚恤金申领、职业介绍补贴和职业培训补贴的申领和代缴、医疗保险费代缴、技能提升补贴申领、失业补助金申领、失业保险关系（待遇）转移接续、失业保险阶段性援企稳岗补贴、一次性扩岗补助等政策信息。

（2）形势分析信息。主要指涉及就业创业方面的分析资料，包括市场供求分析、群体就业分析和行业形势分析。

1）市场供求分析。包括人力资源市场供求分析报告、园区企业用工监测报告、失业动态监测报告、人力资源市场工资指导价位报告等。

2021年第三季度百城市公共就业服务机构市场供求状况分析报告（摘要）[①]

2021年第三季度，人力资源社会保障部信息中心和中国就业培训技术指导中心对全国80个城市的公共就业服务机构市场供求信息进行了统计分析。第三季度全国人力资源市场用工需求大于劳动者供给，供求总体保持平衡。

一、市场需求大于供给。用人单位通过公共就业服务机构招聘各类人员约402.4万人，进入市场的求职者约263.5万人，求人倍率约为1.53，同比上升0.13，环比下降0.05。

二、分区域看，与去年同期相比，东部、中部市场用工需求和求职人数均有

---

① 资料来源：人力资源和社会保障部官网

所下降，西部市场用工需求和求职人数保持增长；与上季度相比，东部、中部、西部市场用工需求和求职人数均有所减少。东部、中部、西部市场求人倍率分别为1.47、1.43、1.76。

三、从行业需求看，与去年同期相比，制造业、电力热力燃气及水生产和供应业、建筑业等第二产业用工需求有所增长；科学研究和技术服务业、文化体育和娱乐业、租赁和商务服务业等第三产业用人需求有所增长。与上季度相比，采矿业、制造业、建筑业等第二产业用工需求有所减少；第三产业各行业用人需求均有所减少。分行业看，87.5%的用人需求集中在制造业（38.7%）、批发和零售业（9.7%）、居民服务修理和其他服务业（9.2%）、住宿和餐饮业（8.1%）、建筑业（5.4%）、信息传输软件和信息技术服务业（4.8%）、租赁和商务服务业（4.6%）、交通运输仓储和邮政业（3.9%）、房地产业（3.1%）等行业。

四、市场对具有技术等级和专业技术职称劳动者的用人需求较大，对普工的需求缺口较大。与去年同期相比，市场对高级技师、技师、高级技能人员的用人需求增长幅度较大。与上季度相比，市场对各技术等级和专业技术职称劳动者用人需求均有所下降。

用工侧看，39.1%的市场用人需求对技术等级或职称有明确要求，其中，对技术等级有要求的占25.5%，对职称有要求的占13.6%。求职侧看，41.8%的求职人员具有技术等级或职称，其中，具有技术等级的占27.2%，具有职称的占14.6%。供求对比看，各技术等级的求人倍率均大于1，市场需求大于供给。其中，高级技师、技师、高级技能人员求人倍率较高，分别为3.05、2.7、2.51。

五、全国十大城市岗位需求和求职排行榜显示，营销员、快递员、客户服务管理员、商品营业员等职业的用人需求较大，行政办事员、秘书、中学教育教师、会计专业人员、小学教育教师、医药代表等职业的用人需求相对较小。

2）群体就业分析。包括高校毕业生、退役军人、农民工、就业困难人员、残疾人、退捕渔民等重点群体就业形势分析报告以及就业环境分析报告。

3）行业形势分析。包括各行业就业前景分析、职业环境分析和行业人工成本信息等专题分析报告。

2. 求职招聘类信息

求职招聘类信息包括个人求职信息、用工企业情况介绍和招聘信息、公益性岗位招聘公告、"三支一扶"招聘公告、公务员招聘公告、事业单位人员招聘公告、机关事业单位临聘人员招聘公告、就业见习岗位信息、共享用工岗位信息、灵活用工岗位信息等。

3. 职业测评类资料

职业测评类资料主要是指职业素质测评常用资料，可用于个人在线职业测评，包括以下四类：

（1）职业意识测评资料。包括职业价值观量表、成就动机量表、职业态度量表、求职自信心量表等资料。

（2）职业取向测评资料。包括职业生涯测验量表、职业兴趣测验量表等资料。

（3）职业能力测评资料。包括职业认知能力测验量表、职业操作能力测验量表等资料。

（4）职业人格测评资料。包括人格测验量表、艾森克人格问卷等资料。

4. 职业观念类资料

职业观念类资料包括新老职业发展趋势评估与分析、典型就业出路评估与分析、用人单位招聘用人环境评估与分析、创业环境评估与分析等资料。

二、信息更新的要求

1. 保持完整性

更新的信息应该尽可能做到内容全面，要求清楚，时间连续。更新信息时，既要有反映目前状况的信息，又要有反映历史状况的信息。对劳动者的求职信息，更新时要全面核查，确保内容规范；对用人单位的招聘信息，更新时要综合考虑信息发布前后的逻辑关系和社会反响。

2. 保证准确性

保证准确性是对信息发布和更新最重要的要求。所谓准确，就是所更新的信息应真实地反映客观实际。如果采用的信息失真，会给人力资源市场的决策和管理工作带来严重后果。因此，在更新信息过程中，要坚持科学严谨，切忌主观臆造，防止信息失真。

3. 注重时效性

更新信息要及时，收到信息后，尽可能在一个工作日内审核完毕并更新。对于可以及时办结的服务项目，如求职者应聘成功、招聘会预约结束、用人单位信息修改等，应及时更新状态。

4. 讲求经济性

经济性主要指用较低的费用和较短的时间更新较多的信息。在费用的节省上，可以采取公益性信息发布、包月包年发布信息或委托第三方机构外包业务的方式。在时间的节约上，可以采用批量修改、软件校核、在线编审的方式。

三、触摸屏的日常维护

1. 固定放置于相对干燥的环境中

触摸屏的内部零件对空气湿度较为敏感，一旦湿润会引发机器发生短路现象，机器要摆放在环境空气湿度相对适宜的位置。在日常使用时，要避免水滴落在机器及屏幕上。

2. 使用清洁剂做好日常保养维护

由于触摸屏常常会出现静电现象，吸附空气中的灰尘，导致机器的触摸功能逐渐消失。因此，需要经常对触摸屏进行清洁。日常维护中，需用干净的布蘸取酒精或玻璃清洁剂对触摸屏进行擦拭，切忌用水擦拭，以防止电路受潮。禁止使用硬物磕碰触摸屏，以防划伤。

3. 建立专人开关机管理制度

触摸屏使用寿命是有限的，频繁开关机、开启或者关闭机器的顺序错误都会给电子元件造成伤害。为延长触摸屏的使用寿命，应建立触摸屏管理制度，落实专人对机器设备进行管理，每天定时开关机，确保工作时间触摸屏的正常使用，非工作时间触摸屏处于关闭状态。

四、提供人性化服务

1. 安排专人引领指导

在人力资源市场、公共就业服务站点等配备触摸屏的场所，应配备大厅服务人员或引导员，为前来办事的服务对象提供办事引导、触摸屏使用指引等服务。对于可以在线办理的业务，应通过仔细讲解和示范，引导服务对象通过触摸屏查询和办理相关事务。

2. 备齐便民物品

在触摸屏旁设置专门的位置，放置便笺纸、笔、老花镜、消毒酒精、纸巾等便民物品，为前来办事者提供贴心服务。也可放置政策宣传手册、业务办理指南和求职招聘信息手册，便于服务对象查询和了解信息内容。

3. 力求设备方便易用

触摸屏的页面和字体可设置为大小可调，亮度要能根据环境的明暗自动调节，以适合阅读为宜。根据使用人群的不同，可选用具有语音阅读和语音指令功能的触摸屏一体机。触摸屏显示内容页面尽量控制在 5 页以内，以减少系统跳转时间，提升系统运行的流畅性。

4. 保持页面简洁美观

页面尽量简洁，不过多使用图片、动画以及过于复杂的颜色和背景。菜单尽量使用条块状图形窗口，便于服务对象触屏点击。内容菜单和显示层级尽可能与互联网上公共就业服务官网保持一致，以便服务对象逐步适应在互联网页面进行操作。

5. 设置使用指南

在触摸屏附近的显著位置张贴简要的使用指南，包括触摸屏功能介绍、操作流程、使用须知、温馨提示等内容。使用指南应注重语言的优化和文字字体的选择，体现温暖服务，使人感到方便快捷、乐于接受。同时，可以在触摸屏的首页上设置使用指南的动画演示程序，直观地展示各项功能及操作流程。

五、指导开展自助式服务

1. 自助式服务的原则

（1）要使自助成为主要服务方式。充分发挥触摸屏自助服务的功能，在大力宣传、充分引导的基础上，使触摸屏服务成为业务办理的主要方式。不断拓展业务功能，在实现求职招聘、提供职业培训信息等简单功能的基础上，要尽可能地把公共就业服务的所有业务集中到触摸屏程序中，实现一台自助机器即一个服务窗口的功能。

（2）要使自助与"他助"有机结合。唤起自助、实施自助并不等于放手不管，要使自助指导功能得到充分发挥，还应使自助与"他助"紧密结合。这主要体现在三点上：一是在实施自助之前，应对可能出现的问题提前实施干预，以使自助过程顺利进行；二是在自助的过程中，实施更具有支持性的帮助，以弥补自助指导的功能局限；三是针对综合性的问题，实施自助和"他助"兼有的帮助指导计划，实行重点问题重点关注、重点解决的帮助指导策略。

（3）要使自助利于受助者自主性的发挥。什么问题可通过自助解决？什么形式更容易让受助者理解和掌握？这些都是开展自助服务必须解决的问题。目前，触摸屏提供的主要服务内容还是局限于政策宣传、信息发布、申请报名和自我测评，不能取代职业定位咨询、创业项目指导、政策操作解读等精细化的服务项目。同时，面对各类不同层次、不同文化水平的服务对象，自助服务还需要优化以下三点：一是形式要有利于自读、自习、自学；二是内容要重点突出，层次分明，便于诵读，便于记忆；三是要与受助者的文化背景、生活习惯、职业素养等方面高度吻合。用通俗的话讲，就是体量小、内容精要、灵活便捷、喜闻乐见。

2. 指导开展简单自助

（1）简单自助的四个优势。主要体现在功能、服务、体验和操作方面。

1）功能更强。从性质上大大改变了以宣传为主要特征的自助服务普遍做法，使自助服务有了更强的自助功能。

2）服务更优。过去许多必须进行面对面服务的内容，都可通过自助的方式自行解决，这在降低指导成本、扩大服务范围、创新服务方式和手段等方面都具有很现实的意义。

3）体验更好。自助式服务的体验可以使自助者在操作过程中很自然地产生新的认知体验，在潜移默化中变得更加理性，而这也是服务工作的主要目的之一。

4）操作更易。操作起来简便易行，多数非专业人员都可以通过短时间的实践学会这种方法。

（2）简单自助的四个要求。

1）目标导向。设计的自助目标应当精准、明晰、简单，要找到主要矛盾，进行细分，目标越小自助效果越可能实现。

2）把握要素。重点把握好"起点""终点""路径"三个要素，保证自助服务的功能作用。

3）安排步骤。一般不超过5个步骤，能够让自助者轻松掌握操作方法。

4）积累素材。书刊、网络等媒介中相关资料均可作为职业指导工作者重点搜集和积累的内容，但还要在工作中结合实际进行整理和设计。

3. 开展自助服务的注意事项

（1）自助服务要配合现场指导服务。服务、引导人员指导服务对象使用触摸屏时，语言要得当，行为要得体，充分体现优质服务的工作理念。在指导内容上，应及时了解服务对象的服务需求，根据需求确定办理方式，如选择触摸屏自助办理，应引领服务对象至机器设备旁并现场指导、示范操作，让服务对象清晰地了解触摸屏的使用方法和业务办理流程。

（2）自助服务的设置要个性化、便民化。要针对老年人、残疾人等特殊群体设置专门的服务设施，如老花镜、残疾人扶手和进入服务场所的轮椅便道，对听障人士及聋哑人应使用手语或书写板进行交流。为保护个人信息隐私和做好疫情防控，还可以在触摸屏前方设置"一米线"和排队办理的标识，尽可能做到方便服务对象。

六、注意事项

1. 及时更新内容

为充分发挥触摸屏的作用，要保持触摸屏与后台管理系统的数据同步，以确保信息的时效性和可用性。对于通过网络数据线连接的触摸屏，可以定期或不定期地检查发布内容与后台数据的同步情况，确保网络连线的畅通性。对于通过USB传递数据的触摸屏，需要定期对信息进行手动更新，并进行人工核对，以确保信息传递的准确性。

2. 定期检查设备

（1）检查电源。包括电源线是否完好，是否存在破损、缠绕或弯折；电源插座与电源线接触是否良好，有无松动或接触不良现象。

（2）检查机身。包括自助一体机是否存在损坏、脱漆、生锈、高热、潮湿等现象，放置触摸屏的环境是否合适。

（3）检查触摸屏使用情况。包括触摸精准度、屏幕响应时间、画面更新流畅度等指标是否存在误差增大、时间变长、卡顿增加等情况。要随时保证触摸屏表面的干燥和清洁。检查后，如发现问题，应及时联系专业人员进行维修。

3. 做好系统维护

加强与生产、维保商家的联系，定期反馈触摸屏在使用中存在的问题和优化建议，并通过官网或专门的软件光盘对触摸屏的操作系统进行升级，确保系统运行流畅，数据安全。同时，应妥善保管系统安装光盘或安装程序，出现因意外情况导致系统故障时，可用于重装触摸屏操作系统。

七、处理服务对象的反馈意见

1. 收集整理反馈意见

（1）收集反馈意见。收集反馈意见可从三个方面着手：一是听取服务对象在使用触摸屏时提出的意见；二是请服务对象填写专门的意见反馈表（详见表2-2）；

三是了解周边其他机构触摸屏使用过程中反映的代表性问题。

表 2-2　意见反馈表示例

请您在使用触摸屏办理业务后填写此表（在选择的项目后打"√"），以便我们改进工作。

项目名称	具体项目内容
一、使用时间	年　　月　　日
二、使用目的	1. 查询政策○ 2. 查询业务○ 3. 办理个人事务○
三、使用方式	4. 完全自助○ 5. 接受指导○
四、使用中感到	6. 操作：简便○　不方便○ 7. 响应：迅速○　不及时○ 8. 联网：较广○　不行○ 9. 内容：充足○　不足○ 10. 界面：友好○　不友好○ 11. 指导帮助：到位○　不到位○
五、改进建议	12. 改进操作系统，更加简便○ 13. 改进响应系统，更加快速及时○ 14. 改进联网系统，扩大服务功能○ 15. 完善内容信息，满足客户要求○ 16. 改进版面设计，便于查询经办○ 17. 完善自助服务指导○ 18. 增加自助提示页○ 19. 指导者及时介入○

（2）整理反馈意见。将收集到的意见进行汇总，形成意见反馈报告，关键要关注以下两点：

1）服务对象对触摸屏服务在使用方面的意见。包括操作的简便性、响应的快捷性、联网的广泛性、指导的及时性等。

2）服务对象对触摸屏服务在内容方面的意见。包括相关政策的全面性、经办事务的可靠性、目录模块编排的人性化等。

2. 分析问题并提出改进建议

（1）分析主要问题和原因。对反映较多的问题应重点分析原因。如操作使用方面的问题，是厂家设计存在缺陷还是设备操作不够熟练？如内容版面方面的问题，是信息欠缺的问题，还是政策编写或编排上存在问题？

（2）提出改进建议。针对用户反馈的具有普遍性和代表性的意见，要提出针对性的改进建议。如建议厂家改进设计，建议加强触摸屏使用的指导，建议对政策发布和版面编排进行改进等。

（3）上报改进建议。会同本级和下级业务人员共同探讨改进建议，并进一步修订与完善，形成最终定稿。按照层级管理原则，向主管业务的上级领导书面上报，上报的书面材料应包括整理后的反馈意见、改进建议等文字材料。根据需要，还可以附上收集的原始反馈意见。上报后，应及时与上级领导进行沟通，获得最终的批复结果。

3. 做好改进服务

（1）抓好落实。根据领导批复的最终结果，将建议的内容逐一转化为具体的工作措施加以落实。

（2）协调多方。与相关厂家、政策发布方、内容设计方、现场操作指导方等联系沟通，加强配合，落实分工协作责任，推动改进落到实处。

（3）做好制度和经费保障。应当在上级领导支持下，完善设备使用、维护制度和自助服务指导制度，并在厉行节约的前提下，协助做好经费预算，确保服务改进措施顺利实施。

八、处理服务对象反馈意见的要求

1. 要做好梳理分类汇总

要对服务对象提出的所有建议事项进行整理筛选，去除无效、过时、重复的建议信息，再按照合并相似项的原则，将反馈意见进行归类精简，形成上报意见。

2. 要保持格式统一

从不同渠道、用不同方法收集到的反馈信息，要尽可能按照统一的格式进行整理，例如可以设计包括意见来源渠道、意见类别、意见内容、改进建议、审核意见等栏目的"意见反馈表"或"意见反馈处理单"，便于归类存档和后续跟踪。

3. 要提出处理意见

服务对象提出的每一个有效的意见建议都需要提出处理意见，过时、重复或无效的意见建议可以单独归档。提出处理意见时，要依据相关法律法规和政策规章的规定，做到准确、严谨。

4. 要及时报送和反馈

反馈意见必须注重时效，尽可能用最短的时间收集、整理、反馈，并在实际工作中快速改进，以提高服务质量和效能，提升服务对象的满意度和服务机构的公信力。

5. 要更新服务信息

改进意见经核准并更新业务流程和方式后，要及时通过网络、电子显示屏、触摸屏和各类媒体进行信息发布，对更改较大的业务内容，要通过印制手册、专题宣讲等方式加强宣传。

以上对服务对象反馈意见的处理，也可在优化电子显示屏、改进电子设备自助方式的工作中参考借鉴。

思考题

1. 如何指导服务对象通过触摸屏开展自助求职？
2. 结合工作实际，谈谈提供触摸屏人性化服务的要求。
3. 简述收集和整理反馈意见的工作要求。
4. 触摸屏能够发布哪些信息？
5. 结合实际，谈谈如何将反馈意见变成改进工作的建议。

培训课程 5　信息栏发布

学习目标

1. 能动态更新信息内容。
2. 能规划设计信息栏。

学习单元1　动态更新信息内容

一、信息栏发布的适用范围

在职业介绍信息发布中，信息栏发布主要指户外广告牌、广告栏、广告灯箱、专题信息栏、宣传牌、宣传橱窗、公交车站台信息栏、标语等线下固定设置的信息发布平台。从表达内容的适宜性、受众范围和内容更新速度来看，信息栏与网络媒体相比，具有表达内容直观、受众广泛、信息交流单向、内容不需要经常更新等特点。信息栏更适合发布以下信息：

1. 就业创业政策与形势类信息

就业创业政策信息发布主要针对各类政策的具体规定，如政策适用对象、申办条件、办理层级、办理方式和所需资料等。形势类信息发布主要指对人力资源市场供求情况、各类重点群体择业倾向、各类重点行业岗位供需结构等进行综合分析研究的数据、报告文章。

（1）就业创业政策信息发布示例（见图2-16）。

图2-16　就业创业政策信息发布示例

（2）形势类信息发布示例（见图2-17）。

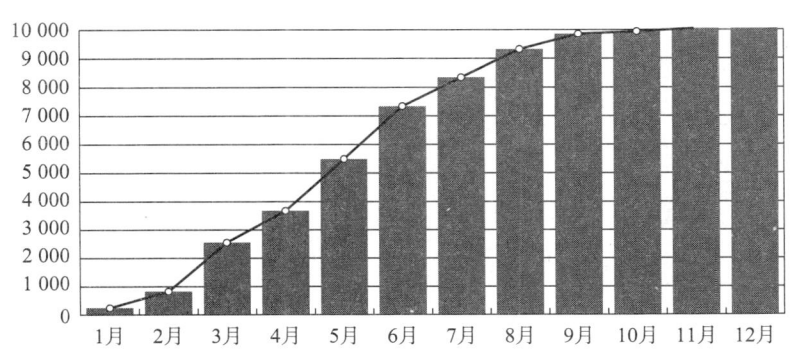

截至2021年12月31日，全市共帮助10 092名长期失业青年实现就业创业

图2-17　形势类信息发布示例

2. 职业观念类信息

职业观念类信息主要指职业价值观、职业道德观和职业发展观等帮助建立正确就业创业观念意识的信息资料。例如，职业价值观的重塑、公务员等各类群体职业道德准则、职业教育与就业创业发展、各行业职业发展渠道等信息。

创业小故事
《无创业不青春》（摘录）

投身创业潮

王某高校毕业后，与人合伙成立工作室，但他们一没经验，二没人脉，三没资金，工作室陷入长达半年的零业务、零收入困境。为了发展业务，一群年轻人连续几个月早出晚归，走街串巷寻找合作商家。高强度的工作、入不敷出的经营考验着这群年轻人。最终，5个合伙人打起了退堂鼓，原本6个人的团队，溃不成军。

充电再创业

王某参加了创业培训，并报名参加了某市高校毕业生创业大赛，获得前十强的好成绩，还申请到青年创业项目扶持资金，得到一对一创业指导。他说，这些充电不仅让自己的能力得到了提升，也激发了自己创业的激情。经过一年的努力，2015年公司的产值就由2014年的1万多元迅速增长到100多万元。

提升软实力

公司经营稳定后，王某对创业项目进行了完善和融合，提出为客户提供软实力提升解决方案的发展思路，并对经营服务内容进行了纵向延伸。2018年，历经五年艰辛，他带领的公司成长为省内一流的软实力提升服务平台，先后服务机关事业单位100余家。公司也被授予某市高校毕业生见习基地，成为省双创示范型企业。

——摘自《我能飞》四川大学生创业故事集

3. 求职招聘类信息

求职招聘类信息主要指个人求职信息和用人单位招聘信息，包括个人求职信息、用工企业情况介绍和招聘信息、公益性岗位招聘公告、就业见习岗位信息、"三支一扶"招聘公告、公务员招聘公告、事业单位人员招聘公告、机关事业单位临聘人员招聘公告、共享用工岗位信息、灵活用工岗位信息等。

（1）求职类信息。

求职类信息发布示例

基本信息

姓名：姚先生　　　　　　　　　性别：男

年龄：50　　　　　　　　　　　民族：汉族

最高学历：初中　　　　　　　　工作年限：10 年以上

技术技能水平：

联系电话：　　　　　　　　　　联系地址：

自我评价：

求职意向

期望职业：治安保卫人员　　　　期望职业性质：不限

期望工作地点：　　　　　　　　到岗时间：随时到岗

最低薪资要求：3 000 元 / 月

（2）招聘类信息。

招聘类信息发布示例

项目经理（总工、项目副经理）岗位招聘		3 000 元以上 / 月
招聘单位：　　　　　学历要求：		提供住宿：
发布机构：　　　　　工作性质：		工作地点：

行业类别：　　　　　　主营业务：

岗位描述

项目经理（总工、项目副经理）

招聘对象： 有一定工作经验（工程类或其他行业）的人员

要求： 1. 专业不限，专科或以上学历，建筑工程、计算机、地理信息、土地规划类相关专业优先考虑。

　　2. 性格开朗，为人真诚，做事踏实，勤奋敬业，吃苦耐劳，品行端正，能服从公司管理，能与政府人员沟通交流。

　　3. 有上进心和责任感，具有较强的学习能力和开拓创新能力。

薪酬体系： 试用期为底薪（3 000~5 000元）+绩效工资。转正后为底薪（3 600~6 000元）+补助+岗位工资+绩效工资，年收入可达5万~8万元，优秀人员可达7万~15万元。培养方向为组长、总工、项目（副）经理，可签长期合同。公司为聘用人员缴纳社保和商业保险，可统一管理个人档案。公司统一安排住宿，根据情况安排集体用餐或发放餐补。

单位简介

1. 单位概况：
2. 发展规模：
3. 发展前景：

联系方式

联系人：张先生　　　　联系电话：××　　　　电子邮箱：××

4. 职场适应类信息

职场适应类信息主要包括职场适应原则、初入职场适应计划、职场心态调整、职业发展规划与管理等主题的个人心得等信息。例如，新人职场适应计划、高校毕业生职场必备知识、如何提高职场适应能力等。

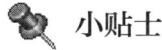 小贴士

如何提高职场适应能力

1. 快速适应职场环境。少说多听多请教，听从安排守规则。
2. 尽早明确职业发展方向。量体裁衣定目标，找准优势去发展。
3. 主动提高技术技能和工作效率。强化学习多磨炼，积累经验找规律。
4. 增强抗压能力，时刻保持信心。培养积极心态，应对困难和逆境。

5. 温馨提示

主要针对求职应聘、职业生涯、用工管理、个人提升等涉及招聘求职的相关内容进行人性化的短语提醒。例如人力资源市场服务温馨提醒、求职面试温馨提醒、触摸屏自助服务温馨提示等。

 案例

××市人力资源和社会保障局关于在疫情防控期间推行"不见面"经办服务的温馨提示

广大服务对象，你们好！

面对本轮新冠肺炎疫情扩散的严峻复杂形势，为有效阻止疫情传播，将疫情防控举措落地落实，按照疫情防控工作要求，结合部门实际情况，市人力资源和社会保障局决定推行"不见面"经办服务。现将有关事宜提示如下：

1. 非紧急业务建议"延期办"。若无紧急必办事项，广大服务对象应尽量暂缓或延期到现场办理业务。

2. 网上可办事项推行"网上办"。对通过网络平台可受理办理的事项，申请人可与业务经办人员进行联系咨询，登录网络平台办理。

3. 紧急必须事项推行"预约办"。对目前暂时还无法进行网办业务的事项，但实属紧急，申请人必须到现场办理的，严格按照"错峰""限流"等相关要求，全面推行通过电话提前"预约办"。

服务对象进入市人力资源和社会保障局办公场所或政务服务大厅办理业务，必须全程佩戴口罩，自觉接受体温测量、扫码核验，相互间隔距离保持在1米以上。不遵守上述要求的人员不得进入服务区域，给您带来的不便敬请谅解，感谢您的理解与支持。

二、信息栏发布的优势和局限性

1. 信息栏发布的优势

（1）信息传播快。信息栏能够快速、准确表达信息内容。现代社会中，商品和服务信息绝大多数都是通过广告传递的，平面广告通过文字、色彩、图形将信息准确地表达出来，而二维广告则通过声音、动态效果表达信息。

（2）发布时段长。相比较其他宣传媒体，户外信息栏每天24小时、每周7天竖立在那里，能够持久地、全天候发布信息，更容易被受众见到。

（3）城市覆盖率高。结合目标人群，选择正确的发布地点和户外信息栏，通过媒介安排和分布，户外信息栏能创造出最佳的宣传效果。

2. 信息栏发布的局限性

（1）受众范围较窄。由于只能在固定场所发布，相对于网络媒体，信息栏受众面仅限于经过该区域的人流，浏览量相对要小，受众范围有局限性。

（2）信息容量较少。由于信息栏的版面有限，发布的多为概述性、片段性的内容，难以进行系统、详细的表达，也无法实现对服务对象的自助指导。信息栏很难形成视觉冲击和鲜明的突出感，对受众吸引力不强。

三、信息栏更新的主要流程

1. 整理发布材料

对需要在信息栏发布的各类信息进行分类汇总。一般而言，可以根据发布适用范围，分为政策宣传类、就业形势类、职业指导类（包括职业观念和职业适应类信息）、求职招聘类。根据需要，在各类信息的相关位置设置温馨提醒，向服务对象提示信息使用注意事项。

2. 编辑发布内容

根据信息栏版面情况，对分类汇总以后的信息资料进行编辑整理并制作效果图。对同质化的信息进行合并缩写，对片段性的信息设专栏类项目以便连续更新，对重要或紧急的求职招聘信息要尽可能提升文案设计和版面排列的吸引力，以提高浏览者的关注度。

3. 提交上级审批

经过初次校对复核的文案、版面效果图，按照信息栏发布的制度流程，提交上级主管人员进行审批。审批过程中要注意时限性和一致性。做到充分沟通，达成一致意见。审批后，要对修改事项逐项核对，确保与宣传主题一致并符合相关政策规范。

4. 实施信息发布

将审核后的文稿按照确定的发布方案，交由工作人员或第三方广告设计机构在相关信息栏进行制作发布。发布前要再次核对发布内容的完整性、准确性，避免出现文字、排版等方面的错误。同时，要注重信息栏的后续管理并收集浏览者的反馈意见。

四、注意事项

1. 充分利用各种场所

不是所有的场所都有大面积的空间供竖立或悬挂大型信息栏、宣传牌。在多数服务场所中，信息栏作为一个主要功能区，数量和面积应达到一定的标准要求，还应当善于利用角落，巧妙利用零碎空间，精心合理布局，以更大限度地利用空间。例如，在走道、楼梯台阶、服务柜台、洗手间等区域内"插空"布展小型信息栏，可以起到很好的宣传作用。

2. 力求内容简化概括

应对要表达的内容进行简化概括和精细处理，既不能失去内容精神要领，同时文字应精练达意，切忌将长篇大论搬到宣传牌上。注意排版字体大小，提高可看可读性。

3. 融合多种媒介互补

采用信息栏、宣传牌的同时，还要争取与电视、投影、幻灯、电影，甚至是虚拟现实技术等其他媒介形式结合使用，这样既可以解决空间不足的问题，还可以更多形式服务于宣传，使不同类型的受助群体得到更多的信息传递。

学习单元 2　信息栏规划设计

一、信息栏规划设计的原则

1. 实用性原则

要根据需要设计信息栏的内容和形式。作为各种就业创业政策、求职招聘和社区活动等公益信息的发布平台，所发布的信息必须符合受众的客观需要，要针对信息栏设置区域的人群特征来合理设计。

要考虑信息栏功能的多样化，除发布信息外，还应设计诸如避雨（露天雨棚设计）、候车（公交站台设计）、照明（灯箱式设计）、充电（航站楼候机厅的充电台设计）、健身（户外健身器材广告牌设计）等多种用途，以提升实用性。

2. 安全性原则

要优化设置信息栏放置的位置。由于信息栏通常都是放置在路边或者公园等公共场所内，人流量较多，因此，要固定好信息栏，防止信息栏突然倾倒伤人。同时，也要考虑受众观看环境的安全性，防止出现影响人身安全的意外情况发生。此外，设置在户外的信息栏还要考虑雨雪天气对信息栏的腐蚀和外部风沙影响，做好相关防护措施。

3. 统一性原则

注重受众的体验感。同一展板在版面设计上要保持内容、形式以及视觉统一。多块宣传展板要保持统一的设计板式，包括字体选择、颜色分布、标题设计、版面设计和展板规划，并从内容、受众入手，对各类需要发布的信息进行划分，设置相对统一的发布格式。信息栏设计应立意新颖，造型美观，抓住受众的眼球，使受众能停留下来了解宣传的内容。

二、信息栏规划设计的要求

1. 确定信息栏发布的内容

首先了解需要宣传的内容有哪些，然后根据信息内容确定主题。例如，单位管理制度、单位公示内容、党的政策宣传、政府政策宣传、业务指导等主题。

在一个版块中，尽量按照信息的相关性确定一个主题，避免信息主题模糊，条块杂乱。按照确定的宣传主题和目标受众的特点，对需要发布的信息进行整理筛选，确定发布内容。确定内容时，要综合考虑受众的文化水平、关注重点和阅读喜好，尽量精简单次发布的信息篇幅，集中发布实用、有效的信息。例如，对高校毕业生群体，应主要发布职业指导信息、创业培训信息和创业项目信息；对就业困难群体，应主要发布一般性工作岗位信息和公益性岗位、就业援助活动信息等。

2. 确定信息栏安装的地点

通过对信息栏设置区域的目标群体进行分析，划分出受众类型及特点，再进行宣传规划。例如，按照重点就业群体进行划分，可以将受众群体分成高校毕业生、就业困难人员、退役军人、返乡农民工、长江禁捕退捕渔民、零就业家庭人员和残疾人等类别，在制作信息栏时，要综合考虑受众群体的客观需求，发布相适应的信息。同时，按照实用、安全的原则，选择在学校、工厂、公园、社区、公交站台、车站码头等地设置信息栏。确定信息栏的安装地点要综合考虑三个因素：一是人流量要大，使信息发布达到宣传效果最大化；二是周边环境安全，避免出现安全隐患；三是天气状况影响小，选择稳固、可靠的安装地点，延长信息栏的使用寿命。

3. 估算信息栏制作的成本

设计制作信息栏，需要考虑成本因素，达到成本和效果之间的平衡状态。在制作信息栏时，可以先向制作公司询问制作成本，然后进行对比，选择更符合单位设计制作需求的公司。对于展板量多、制作成本较高的信息栏，还可以通过招标采购的方式择优选择符合条件的公司来完成信息栏的设计制作。

三、信息栏制作

信息栏是公布信息的主要形式，无论是对外还是对内，也无论是企业文化的宣扬、机关文化的传承，还是重要公告，都可以通过信息栏进行展示。通过信息栏，可以让更多的人了解单位的风采，服务工作的内容以及工作人员认真的工作态度和努力工作的成果。信息栏作为一个宣传阵地，是要下功夫做好的一项工作。在制作信息栏时，要明确项目内容、宣传重点和版面设计，选定设置位置，还要注意做好内容的定时更新工作，比如按照每个月的主要宣传任务进行内容更换：在年初制作"春风行动"信息栏，到毕业季更换为"高校毕业生就业援助月""金秋招聘月"等相关活动的信息。

同时要注意在日常生活中征集稿件，比如，通过向全体员工和下级就业服务机构征集，或者通过就业服务工作的某一专题、市县特色亮点工作等，从中筛选内容合适、成效突出的稿件在信息栏上展示。

 小贴士

信息栏展板的版式设计

一、明确设计项目

首先需要明确设计项目的主题，根据主题来选择合适的元素，并考虑采用什么样的表现方式来实现版式与色彩的完美搭配。只有明确了设计的项目，才能够准确、合理地进行版式设计。

二、明确信息内容

首先要明确版式设计的主要目的与需要传达的信息，再考虑合适的编排形式。版式设计的首要任务就是准确地传达信息。对文字、图形与色彩进行合理的搭配以追求版面美感，同时对信息的传达也要准确、清晰。

三、定位读者群体

版式设计的类型众多，有的中规中矩、严肃工整；有的动感活泼、变化丰富；也有的大量留白、意味深长。作为设计师，不能盲目地选择版式类型，而需要根据读者群体的特点来做判断。如果读者是年轻人，则适合时尚、活泼、个性化的版式；如果读者是中老年人，则要选择规整常见的版式以及较大的字号。因此，在进行版式设计前，针对读者群体进行分析定位是非常重要的一个步骤。

四、明确设计宗旨

设计宗旨也就是当前设计的版面要表达什么意思，传递怎样的信息，最终达到怎样的宣传目的。

五、明确设计要求

在展板设计中，进行版式设计需要了解设计的要求，以达到将信息准确、快速地传递给受众，从而促进信息传递的目的。

六、做好计划安排

在进行设计之前,需要对设计背景进行调查研究,并收集资料,了解背景信息,通过对收集的资料进行分析,确定设计方案,并安排设计内容。

四、注意事项

1. 排版简洁大方

信息栏设计要注重简洁性,一般都是以图像为主、文字为辅,图案要具有感染力,文字要简洁明快,给观众留下想象空间。通常来说,画面越简洁,人们的注意力就越高。要把比较重要的、能够突出宣传主题的内容进行放大和重点阐释,把从属的内容进行简化和缩小,做到主次分明、主题突出、视觉统一。

2. 主题突出鲜明

信息栏设计中,主图要占整个版面的较大篇幅,特别要注意的是主图和文字要有一定的间隔或者明显区分,尽量不要混排,这样设计出的画面整体统一,具有较强的视觉冲击力。

3. 配色协调一致

信息栏颜色搭配要形成强烈的反差效果,使人能够看到信息栏所陈述的内容或者蕴含的含义,慎用或者禁用文字色与背景色相同或者反差不大的设计组合。同时,也要注意搭配信息栏自身的背景与文字的颜色。

4. 确保文字精准

文字要精不要多。在喧闹的环境中,人们很难会阅览大量的文字信息,因此不要在展板上设计太多的文字信息。文字表述上,要注意精简性和准确性;文字表现形式要注意客观性、可读性。

5. 合理使用图片

在信息栏设计中图片的应用要灵活丰富,如果只使用一张图片,那么要求设计者具有较高的素养,能够通过一张图片就把宣传主题和理念阐释清晰。否则,还是应该用三张以上的图片进行组合应用,使版面内容更加丰富,信息量也更大,能够吸引不同的受众人群。

思考题

1. 简述信息栏能够发布的信息种类。
2. 结合实际,谈谈信息栏发布信息的优势与局限性。
3. 简述信息栏规划设计的要求。
4. 结合工作实际,提出本地信息栏设计制作的方案。

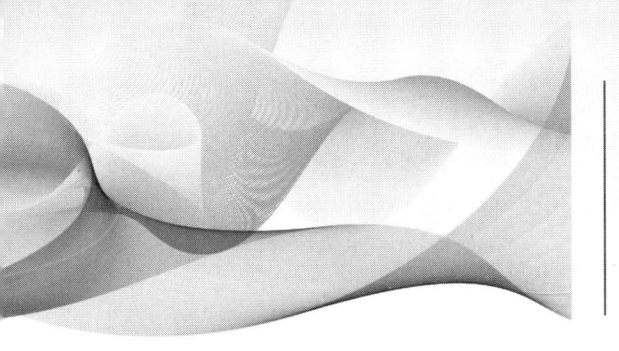

职业模块 ③
职业介绍服务

培训课程 1　求职登记

学习目标

1. 能为求职人员提供求职登记服务流程引导。
2. 能为求职人员办理求职登记并审核求职信息。
3. 能指导求职人员利用线上线下平台，准确填报求职登记信息资料。

学习单元1　提供求职登记服务

一、求职服务流程引导

1. 服务流程引导的内容

以办理个人求职业务为例，职业介绍工作业务流程如图3-1所示。

（1）接待受理。职业指导工作者在受理求职登记业务时，应保持相关礼仪，使用文明用语，尊重求职人员的宗教信仰。

（2）了解情况。重点了解求职人员个人信息、家庭状况、求职愿望、拟选专业和工作方向、工资要求等。

（3）指导填表。指导求职者按照固定格式完整填写求职登记表，登记的主要内容包括个人基本情况、求职意愿、技能专长、岗位及待遇要求、联系方式等。求职人员应如实填写个人基本情况以及与应聘岗位直接相关的知识技能、工作经历、就业现状等情况，并提供相关证明材料。

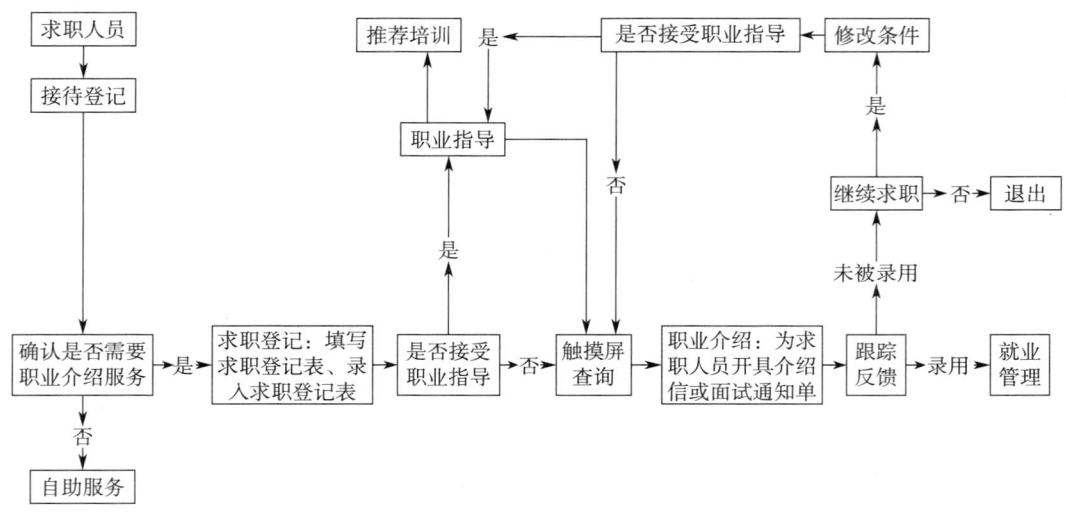

图 3-1 职业介绍工作业务流程—个人求职

（4）指导创建简历。指导求职人员创建个人简历，包括介绍简历的基本要素和内容，以及简历制作的步骤和注意事项，特别是简历的排版和逻辑性。

（5）信息审核。职业指导工作者要认真审核求职人员填写的相关信息，并对提供的证件材料进行核实。

（6）建立台账。要建立相应的求职登记工作台账，将各类人群的求职登记情况整理成册并录入人力资源市场数据库系统或公共就业服务数据系统。

2. 服务流程引导的工作要求

（1）来访接待。职业指导工作者要积极、主动、热情接待来访人员，给对方亲切感和信赖感，缓解来访人员的紧张情绪。

（2）问题询问。通过简短询问，了解来访人员的意图，澄清其问题。

（3）业务介绍。结合来访人员咨询的问题，有针对性地介绍相应的服务项目，包括项目名称、服务对象、解决的问题、办理时间等。

（4）服务指导。根据来访人员选择的服务项目，详细告知办理业务的具体位置。

3. 注意事项

（1）热情主动地接待来访人员，同时要营造一种轻松、安全的氛围。

（2）对学历较高、年轻的来访人员，问题询问和业务介绍可简洁明了；对学历较低、年龄偏大的来访人员，要给予耐心解释与帮助。

（3）职业指导工作者要熟知本机构各项服务内容、服务对象和工作时间等。

（4）使用文明用语，做好微笑服务，能用语言和手势进行服务引导。

二、办理求职登记

办理求职登记是职业指导工作者为有求职意愿的劳动者提供办理求职信息填报手续的服务，主要包括指导求职人员填报本人的基本情况、职业经历、技能水平、求职意愿、培训意愿等。

1. 求职登记信息填报的基本范式

（1）个人基本情况。主要包括姓名、性别、身份证号、出生年月、身高、婚姻状况、通信地址、联系方式、人员类别、户口性质、籍贯、政治面貌和照片等。

（2）文化技能情况。主要包括四个方面：一是文化程度，如学历、毕业学校及类别、所学专业和毕业时间等；二是专业技能，如职称类别、职称级别、技术技能等级等；三是通用技能，如普通话水平、计算机水平、外语水平等；四是特长优势，如体育、书法、舞蹈、美术方面等。

（3）职业经历情况。主要包括重要的学习和职业工作经历，重点填写起始时间、结束时间、毕业学校所学专业、工作单位（工作岗位和内容）等。

（4）求职意愿情况。主要包括意向单位类别、工作区域要求、住宿要求、薪资要求、胜任的专业或岗位、其他要求。

表 3-1 为某地区的"求职登记表"，以供参考。

表 3-1　求职登记表

编号：　　　　　身份证号：　　　　　填报时间：　　年　　月　　日

姓名		性别	□男 □女	身高		出生年月		照片
文化程度		□硕士以上　□本科　□大专　□中专　□其他						
婚姻状况	□已婚　□未婚 □离异　□丧偶			职称级别	□高级　□中级 □初级　□无	技能等级	[　　]	
毕业学校类别		□普通院校　□职业院校　□成人院校　□党校　□自学考试　□其他						
毕业学校						专业		

续表

毕业时间		工作时间		外语语种 ☐英 ☐日 ☐德 ☐俄 ☐法	水平 ☐精通 ☐熟练 ☐一般	第一外语： 水平： 第二外语： 水平：
户口性质	☐非农　☐农业　☐其他					
籍贯						
政治面貌	☐党员　☐团员　☐其他			计算机水平		
通信地址				邮编		
联系电话				电子邮箱		
求职意向	单位类别：☐机关　☐事业　☐国企　☐三资　☐股份　☐私营　☐乡镇　☐无要求 地区要求：☐市区　☐全市范围　☐省内市外　☐省外　☐均可 住宿要求：☐需要　☐暂时不需要　☐不需要 月薪要求：☐_____元　☐面议 求职类别：☐专职　☐兼职　☐均可 其他要求：						
胜任专业						
特长类别						
本人类别	☐应届毕业生　☐待业　☐在职　☐辞职　☐退休　☐其他					

中专以上培训情况	起始时间	结束时间	学校、专业（进修内容）	毕（肄）/结业、学位

工作简历	起始时间	结束时间	单位	职务	岗位描述

专业特长/成果/论文/发明/奖励	摘要填写

续表

继续教育	学历教育：□大专　□本科　□其他_____
	技能教育：_____
	□暂时不需要
说明	1. 填表须知：有选项的项目在相应的"□"内划"√" 2. 请如实填写本表所有项目，交表时需提供有关证件进行审核，所有信息半年内有效，过期如仍未落实单位请与当地公共就业服务部门联系重新登记 3. 职称类别：略

2. 指导填写登记表并做好信息录入

（1）检验证件。职业指导工作者要检验求职人员提供的身份证、毕业证、职业资格证书、技术等级证书等相关证件。

（2）填写表格。向求职人员发放"求职登记表"，并告知填写方法，通常提供一张填写好的模板供求职人员参考。

（3）检查信息。查看"求职登记表"主要信息指标是否填写正确，表格项目中是否有遗漏，如果发现信息错误或遗漏，要及时告知求职人员纠正、补充。

（4）录入系统。将求职人员填写的表格信息如实录入人力资源市场数据库系统或公共就业服务数据系统。

3. 审核求职登记信息

审核求职登记信息是进一步了解求职人员的需求和确保填报信息真实有效的重要环节。

（1）审核主要的内容。

1）证件的有效性。求职登记过程中，重点对求职人员的相关证件进行审核，确保内容真实有效。职业指导工作者应根据相关岗位持证上岗的要求，及时对求职人员进行帮助和指导。

2）内容的完整性。完整翔实的求职信息有利于岗位推荐和岗位匹配的实现，职业指导工作者应指导求职人员尽可能完整地填写"求职登记表"中的相关内容，重点关注必填项目指标。

3）意向的合理性。求职人员可能会因为缺乏对当地职业供求情况的了解，出现求职意愿不切实际的情况，职业指导工作者应根据所掌握的职业供求情况和求职人员基本情况，对求职人员给予指导和建议。

（2）注意事项。

1）职业指导工作者要熟悉求职登记信息填报的相关内容，清楚本地区职业供求状况和就业趋势。

2）求职人员有可能对求职登记表中填报的项目理解不到位，例如，户口性质、身份类别、健康状况等，职业指导工作者应及时对填报项目做出解释说明并核实确认求职人员填报情况。

三、指导创建简历

1. 介绍简历内容

指导求职人员登录求职平台，根据自身情况，如实填写简历信息，主要包括个人信息、自我评价、求职意向、工作经历、教育经历、培训经历和语言能力等相关内容；选择简历是否公开、是否推荐到首页等，如图3-2所示为××省公共招聘网简历填写页面。为了提高求职的成功率，求职人员应该认真填写相关内容，并留下详细的联系方式，防止在岗位推荐时因信息不全错过就业机会。此外，求职人员应注意及时更新网站上登记的个人资料，保证求职简历的时效性。

图3-2　××省公共招聘网简历填写页面

2. 指导制作简历

第一步：确定目标职位。求职的目标职位必须对应到具体的招聘信息，这样依据招聘要求制作的简历才具有针对性，才能获得招聘人员的"认同感"。

第二步：辨析职位核心要求。一个职位往往有多项职责和要求，需要求职人员厘清职责主次，明确职位的核心要求，简历才能详略得当，做到"量身定制"，还可以在此基础上将自身的竞聘优势按照用人单位关注程度由高到低进行排序，方便招聘人员阅读并抓住重点。

第三步：选择撰写模式。最常见的有两种模式：一是模块式，主要由基本资料、学习经历、主要课程、技能证书、工作/实践经历、业绩奖励、自我评价等模块构成。除基本资料外，其他模块先后次序和详略的把握，需要站在用人单位角度，根据职位要求和个人情况斟酌取舍。二是归纳式，往往仅由基本资料和竞聘优势两部分组成。归纳式要求竞聘优势要在归纳后按序罗列，更利于人们阅读记忆，发现竞聘优势特点。

第四步：检查。检查内容包括错字病句、标点符号、格式字体、行文逻辑及排版等，要审视撰写内容给人的印象是否与本人实际情况一致。避免出现文字晦涩难懂、排版杂乱无章等问题，从而失去面试机会。

3. 提示检索信息

创建简历后并不意味着求职人员就可以坐等用人单位联系，通常较好的职业岗位一般会吸引大量求职人员主动提交求职资料。因此，求职人员需要主动检索适合的招聘岗位：

（1）利用网站搜索功能，直接输入单位或岗位关键字搜索相关信息。

（2）点击热门（近期）单位招聘公告，直接查看岗位信息。

（3）按职业或行业分类，查看岗位信息。进入招聘页面后，求职人员可以查看到岗位要求、薪酬待遇、单位地址、联系方式等内容。如图3-3所示，为××省公共招聘网岗位信息页面。

图3-3 ××省公共招聘网岗位信息页面

4. 简历投递

查询到意向岗位后，可以采用以下方式投递：

（1）通过平台提供的"申请职位"功能将创建的简历直接发送给用人单位，等候用人单位的面试通知。

（2）通过电话沟通方式，主动与用人单位联系，深入了解意向岗位的基本情况后再投递简历。

四、提供求职登记服务的工作要求

1. 熟悉主要工作流程

（1）为求职人员办理求职登记，建立求职人员信息档案，将求职信息录入人力资源市场数据库系统或公共就业服务数据系统。

（2）为求职人员提供求职途径、基本求职方法、相关表格及简历的填写、面试注意事项等职业指导，同时提供本地区职业供求现状与发展趋势分析、就业岗位信息、职业技能培训以及相关劳动就业政策的咨询服务。

（3）将求职人员基本信息录入系统后，做好求职人员跟踪指导档案或相应的跟踪指导记录，实施必要的跟踪指导与及时服务。通过求职人员提供的联系方式，定期推荐一定数量的就业岗位信息。

（4）为求职人员提供一定时间的跟踪服务后，求职人员仍未实现就业的，应及时与求职人员联系，并再次提供服务。

2. 掌握必备知识

（1）要对人力资源和社会保障部要求的须持职业资格证上岗的职业有一般性了解。

（2）熟知"求职登记表"的主要内容和填写要求。

（3）了解有关就业的法律政策相关内容。

（4）掌握人力资源市场职业供求信息，还可用职业介绍服务的各种知识、方法为求职人员提供服务。

（5）熟练操作人力资源市场数据库系统或公共就业服务数据系统。

3. 注意事项

（1）为求职人员办理求职登记时，要注意核验其身份证、相关技能证书等信息的真实性和有效性。线上应聘登记的求职人员，应如实提供个人证件、证书等资料。

（2）求职登记内容中如涉及较多求职人员的个人隐私资料，要征求本人同意后,才能进行求职推送或对外发布。

(3)随时与求职人员保持联系,了解求职人员的就业状况,并及时调整和更新系统以及信息发布电子设施中的内容。

学习单元 2　指导求职人员参与求职招聘

一、指导求职人员选择招聘平台

1. 线上线下招聘平台及特点

(1)线上招聘平台及特点。线上招聘是指通过互联网进行求职和招聘的方式,用人单位和求职人员通过互联网查询、填写和发布供求信息,并通过互联网渠道递交简历、开展面试及招聘工作等。线上招聘平台对求职人员而言一般都是免费的,对于用人单位而言社会商业招聘平台一般会产生相关服务费用。线上招聘普遍具有时效性强、反馈速度快的特点,但面试机会和成功率较小。

现有线上招聘平台按服务区域分为全国性招聘平台和地区性招聘平台;按岗位种类,可以分为综合性招聘平台和行业性招聘平台;按主办机构,可以分为公共就业服务平台和社会商业招聘平台;按平台类型,可以分为网站、手机 App、小程序等。

(2)线下招聘平台及特点。总体来讲,线下招聘平台是指现场求职招聘。主要包括:

1)各级公共就业服务机构平台。是指由县级以上人民政府批准设立的,在街道(乡镇)、社区(行政村)为用人单位和求职人员提供公共就业服务的机构,一般设有前台服务窗口、自助服务系统,用人单位和求职人员可通过服务窗口或自助服务系统办理招聘或求职登记。其特点是反馈速度快、可信度高。

2)职业中介机构平台。是指由法人、其他组织或公民个人举办,提供中介服务以及其他相关服务的经营性组织。其特点是服务内容丰富,除一般职业介绍服务外,还提供咨询、猎头、劳务派遣等服务,但可能会产生相关费用,可信度良莠不齐。用人单位和求职人员选择职业中介机构时,既要考虑经济成本,又要尽量选择诚信度高的中介服务机构。

3）现场招聘活动平台。是指在约定的时间和场地，组织用人单位和求职人员进行洽谈、双向选择的人力资源交流活动。招聘会活动一般是定期定点举办的常规招聘，专项招聘会的时间和地点会通过各类媒体提前向公众发布，招聘会活动的特点是可信度高、面试机会大。

2. 根据求职人员情况选择招聘平台

（1）收集求职人员基本情况。包括受教育程度、主要工作经历、技术技能水平、性格特征、职业期望等。了解情况的常用方法是与求职人员进行面谈交流，交流时注意倾听求职人员的具体需求，判断其求职方向和意愿。同时，注意语言要通俗易懂，尽量避免使用非常专业的术语，以免与求职人员产生距离感。

（2）指导不同就业群体选择招聘平台。不同的就业群体一般会更习惯采用一些熟悉的方式寻找就业机会，例如，青年就业群体会选择通过互联网寻找工作机会，高校毕业生会选择参加学校组织的专场招聘会活动，进城务工人员则会选择通过线下中介服务机构或前往人力资源市场参加招聘会寻找工作。职业指导工作者应当在尊重他们习惯的前提下，告知其中的规则和风险，同时积极引导他们选择最佳的招聘平台，获得更好的机会。

（3）尽可能选择多种招聘平台。不论选择线上还是线下招聘平台，其目标都是要获取更多有效的招聘信息。所以，应当尽可能利用多种平台获得招聘信息，争取更多面试机会。要鼓励求职人员努力坚持，不到最后一刻不要放松。

3. 注意事项

（1）职业指导工作者应熟悉本区域主要的公共就业服务机构的基本情况，包括地址、服务内容和咨询方式；熟悉本区域人力资源市场现场招聘会举办的时间和地点，以及近期将举办的大型专场招聘活动的安排。

（2）要了解求职人员的基本情况和求职意愿，为求职人员推荐适合的招聘平台。

（3）语言要通俗易懂。与求职人员沟通交流时，态度要和蔼，沟通也要注意言语和方式，使求职人员能够准确地获取相关信息。

（4）充分掌握用人单位的用工需求、岗位工资以及福利待遇等。

二、指导求职人员通过招聘平台求职

1. 做好准备工作

（1）准备求职简历。制作简历时要注意以职位要求为中心，内容简明，逻辑通顺，语言精确，版面整洁。要尽量避免以下问题：一是以自我为中心，忽视岗位需求；二是不知取舍，篇幅过长或过短；三是套用模板，没有特色；四是态度随意，内容错漏。

（2）准备证件资料。准备个人求职简历或填报"求职登记表"的同时，还应该准备以下相关资料：身份证件、学历证书、技能证书、职称证书、奖励证书等复印件。若参加现场招聘会活动，简历和其他相关材料应多复印几份；线上求职应准备好证件资料的电子版。

（3）准备面试。面试的准备对面试效果影响重大，求职人员要充分了解面试的重要性和面试的内容，掌握面试方法。尤其是对那些缺乏经验的人员要加强面试训练。

（4）完善个人形象。帮助求职人员按照求职的职业和岗位要求完善个人形象，以提高面试人员对求职人员的职业"认同感"。

2. 通过线上平台填报求职信息

目前，可供选择的线上求职平台比较多，求职登记方式虽各有区别，但总体上大同小异。以××省公共招聘网为例，常用功能主要包括实名注册、创建简历、检索信息、投递简历。实名注册时，首先登录公共招聘网注册页面，通过手机号码进行验证，输入用户名并设置登录密码，选择"我是求职者"进入下一步，如图3-4所示；然后，输入真实姓名和身份证号码，完成实名认证，登录求职平台，如图3-5所示。实名认证成功后，按流程办理求职登记填报和创建简历。

图 3-4　××省公共招聘网注册页面

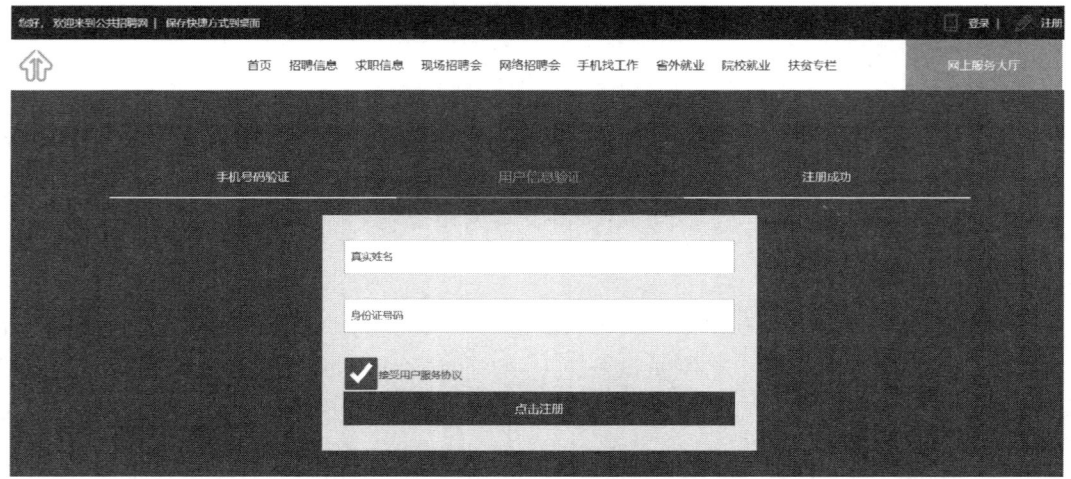

图 3-5　××省公共招聘网实名认证页面

3. 通过线下平台填报求职信息

（1）在公共就业服务机构办理求职登记。公共就业服务机构是指为劳动者和用人单位提供公共就业和社会保障服务的组织，免费为求职人员提供政策咨询、职业指导、求职登记等公共就业服务。求职人员应携带准备好的求职简历及证件资料前往公共就业服务窗口办理求职登记，也可通过公共服务机构提供的自助服务系统自助办理求职登记和招聘岗位查询。

（2）通过现场招聘会办理求职登记。现场招聘会主要包括定期招聘会（每周或每月在固定场所定期举办）、不定期招聘会（如"就业援助月""春风行动"和"民营企业招聘月""应届大学生招聘周"）等专项活动，一般由各级公共服务机构和职业中介机构组织，由各类媒体提前向公众发布招聘会的时间和地点。求职人员在通过参加招聘会活动进行求职登记时，可提前了解参会的单位及岗位情况，认真梳理自己的求职意向，有较为明确的求职方向，在招聘会现场填报求职登记信息，应聘与自身能力和意愿相符合的职业岗位。

4. 注意事项

（1）投递的求职简历应简明扼要、突出重点。提示求职人员在简历中既要把自己某一方面的特长讲清楚，又不要过于冗长，若以电子邮件的方式投递，需要在邮件的主题及邮件正文中注明申请的岗位。一般情况，用人单位会同时发布多个岗位招聘信息，如果求职人员没有写明自己的求职意向或具体岗位，会导致人事专员无从下手而失去应聘的机会。

（2）保持平和的心态。提示求职人员要坦然面对挫折和困难，不必自卑胆怯和过分焦虑，要积极调整心态迎接挑战。在通过线上平台求职的同时，也要到公共就业服务机构或人力资源市场参加现场招聘会。

（3）注意防范求职的一些骗局。提示求职人员应尽量寻找政府主办的或正规的、知名的线上平台。一般正规的线上平台在刊登岗位需求信息时，都会仔细验证招聘单位和岗位信息的真实性，会要求用人单位提供资质证明、办理人员的身份证件以及加盖公章的单位证明等，严防虚假信息的发生。

（4）注意保护个人隐私。提示求职人员要注意保护好私人信息，不要在互联网上透露家庭详细地址、家庭人员情况等，求职人员只需留下个人的联系电话、电子邮箱以及所在区域即可，以防信息被盗取和利用。对于一些在职的准备跳槽的求职人员，可以将自己的个人资料设置成对部分单位保密（目前多数招聘网站都有这一功能）。

思考题

1. 面对前来求职的人员，服务流程引导的主要内容是什么？
2. 求职人员登记求职信息时，职业指导工作者需要审核哪些内容？
3. 结合工作实际，谈谈可以指导求职人员通过哪些线下平台求职？
4. 指导求职人员使用线上线下平台求职前，需要做好哪些准备工作？

培训课程 2 招聘登记

学习目标

1. 能为用人单位提供招聘登记流程引导服务。
2. 能为用人单位办理招聘登记和信息审核。
3. 能指导用人单位选择适合的线上线下平台进行招聘登记。

学习单元1　提供招聘登记流程引导服务

一、提供招聘流程引导服务

1. 了解用人单位的基本情况及需求

用人单位的基本情况及需求主要包括：用人单位合法用工主体资格，即企业营业执照或事业单位法人证书；用人单位所有制性质，即属于国有、集体、股份、私营、外资、合营、个体等；用人单位生产经营与工作业务规模的情况；需求人员的数量、主要专业、工种岗位、学历要求、年龄要求等；需求专业和工种岗位对应聘人员的从业要求，即身体状况、外观形象、职业素质、基本能力等；需求人员类型，即应届毕业生、失业人员、退伍军人等。

2. 介绍日常招聘的程序

（1）验证单位合法资格。企业招聘必须持企业营业执照副本及复印件，事业单位必须持法人证书原件及复印件，经营性人力资源机构、劳务派遣机构还须提供人力资源服务许可证或劳务派遣服务许可证，网吧、歌舞厅等特殊行业必须持有关行政部门颁发的行业许可或资质证。

（2）查验招聘人员身份证明。单位负责招聘工作的人员必须提供本人或法人身份证原件、复印件以及单位介绍信。

（3）填写"用人单位招聘情况登记表"。

（4）指导用人单位撰写招聘简章。按单位空缺岗位从业条件要求和本地区人力资源素质的实际状况，提出招聘条件。同时，按该单位的招聘条件，提出拟聘用岗位的工资和各项相关待遇标准。

3. 提供信息查询服务

指导用人单位利用互联网或人力资源数据系统查询符合招聘条件的求职人员并负责将查询结果打印出来，协助用人单位与匹配出来的求职人员进行联系。如果用人单位委托职业介绍服务机构开展招聘工作，职业指导工作者还要根据用人单位需要安排面试。

4. 介绍招聘后续服务内容

（1）为已招聘人员办理招聘备案手续或档案关系、社会保险的转移手续。

（2）求职人员一旦被聘用，用人单位应与被聘用人员签订劳动合同，为需要将人事档案关系存放在职业介绍服务机构或人才服务机构的求职人员办理档案寄存手续。

（3）对用人单位进行跟踪服务，及时推荐符合岗位需求的人员。

（4）为用人单位提供人力资源和社会保障政策咨询服务。

5. 提供流程引导服务的要求

（1）严格审查用人单位的营业执照或其他法人资格证明材料，避免因虚假的招聘单位信息而使求职人员的利益受到损害。

（2）向用人单位介绍清楚日常招聘的程序和需要提供的材料，避免发生因材料准备不齐全使用人单位多跑冤枉路的现象。

（3）本着对用人单位负责的态度做好后续服务，不能一次了事。

小贴士

一、日常招聘工作必须对供求双方负责，因此，要对用人单位招聘登记的有效期进行限制。一般来讲，有效期为 1 个月，超过期限，用人单位需重新进行招聘登记。

二、一定要向用人单位申明，在服务期内，如遇招聘内容等信息变更，应及时与职业介绍服务机构联系，以便更好地为用人单位和求职人员服务。

三、本着对求职人员负责的态度，要对用人单位的信息查询量进行合理限制，一般不得超过需求量的 3 倍。

四、告知用人单位在规定的期限内（一般为 10 个工作日）将招聘结果反馈给职业介绍服务机构。

二、办理招聘登记

1. 招聘登记信息填报基本范式（见表 3-2）

表 3-2　用人单位招聘情况登记表

用工编号：　　　　　　　　　　　　　　　　登记日期：　　年　月　日

单位名称		单位性质		企业类型		行业分类	
主管部门		注册资金		法定代表人		联系人	
联系电话		联系人身份证号码				电子邮箱	
单位地址				统一社会信用代码			
企业简介							
招聘方式	□推荐 □查询 □现场招聘 □网络招聘 □委托招聘		招聘期限	月　日至 月　日止		洽谈时间	

招聘要求及待遇	工种	人数	性别	身高（cm）	文化程度	其他要求	月收入	其他

续表

配置比例	工种	比例	工种	比例	福利待遇	☐免费提供食宿　　☐免费工作餐 ☐提供食堂免费住宿　☐自行解决住宿 ☐社保　　　　　　☐培训 ☐其他＿＿＿＿＿＿＿＿＿＿＿＿

（1）用人单位基本情况。包括信用代码、单位性质、企业类型、行业分类、主管部门、注册资金、法定代表人、单位简介等内容。

（2）招聘要求及待遇。包括招聘的工种、人数、性别、文化程度（素质要求）、月收入、福利待遇等。

（3）招聘方式。应明确使用的招聘方式，如推荐、现场招聘、委托招聘等。

（4）其他。如洽谈时间，即用人单位和有意向应聘的求职人员采用电话、面谈等方式交流的时间；试用期、劳动合同期限、培训期、面试及简历投放方式和招聘期限等；联系方式，包括联系人、联系电话和详细地址等。

2. 指导用人单位填写表格和录入信息

（1）填写表格。职业指导工作者对用人单位提供的证明材料检验无误后，向用人单位发放"用人单位招聘情况登记表"，并告知填写方法。

（2）检验表格。查看主要信息指标是否填写正确，表格项目中是否有遗漏。如果发现错误或遗漏，要告知用人单位及时纠正、补充。

（3）录入系统。将用人单位填写的表格信息如实录入人力资源市场数据库系统或公共就业服务数据系统。

3. 审核招聘登记信息

为保障求职人员的合法权益，根据《人力资源市场暂行条例》和《就业服务与就业管理规定》等相关法律法规要求，人力资源服务机构应当对用人单位提供的招聘简章、营业执照等相关资料的真实性、合法性进行审查。

（1）审核内容。

1）证件资质资料。主要包括营业执照副本、介绍信、经办人身份证件；市外或省外企业需要提供当地主管部门的推荐信（函）；劳务派遣等人力资源企业还需要提供劳务派遣证或人力资源从业许可证，委托招聘的还需要提供委托单位的营业执照副本、委托招聘资料等。

2）招聘信息内容。主要包括用人单位的基本情况、招聘人数、招聘条件、用工类型、工作内容、工作条件、工作地点、基本劳动报酬、社会保险等信息。信息应当合法、真实，不得含有民族、种族、性别、宗教、信仰等方面的歧视性内容；也不得违反国家规定，在户籍、地域、身份等方面设置限制人力资源流动的条件。

（2）审核方法。主要包括有效性审核、一致性审核、分布审核等方法。例如，登记空岗信息时要注意企业标注的最低月工资是否低于本地区的最低工资标准，这是对资料的有效性进行审核；如果单位基本情况中行业分类选择了"餐饮服务业"，产业分类就只能选择"第三产业"，这是对资料一致性进行审核。

4. 注意事项

（1）为用人单位办理招聘登记时，要注意检验其营业执照副本是否为原件，介绍信是否加盖单位公章或人事部门印章（合同专用章和其他印章为无效印章）。

（2）熟知"用人单位招聘情况登记表"的主要内容，其中用人单位名称、地址、电话号码、联系人、招聘工种、待遇、面试方式为主要填写指标。

（3）要注意用人单位填写的招聘工种是否与《中华人民共和国劳动法》《中华人民共和国劳动合同法》等法律法规相违背，特别是工作时间、休息休假、工资和社保等方面。

三、运用网上诚信平台审核

1. 审核的主要内容

网上诚信平台审核的主要内容包括用人单位行政处罚信息、是否经营异常、是否严重违法失信、是否存在失信惩戒、风险提示和司法风险等。

2. 审核的主要平台

网上诚信平台主要包括政府职能部门主办的国家企业信用信息公示系统、信用中国、面向全社会开放的信用信息查询系统等。可以根据需求通过商业查询平台查询审核，还可以深度挖掘和分析相关数据、预警风险等，但相关查询服务可能会产生一定费用。

3. 审核的程序

（1）审核前的准备。用人单位招聘登记资质资料收集完成后，要确定作为诚信情况判断标准的查询项目有哪些，如失信被执行人名单、异常经营名录、税收黑名单等。

（2）诚信平台的选择。根据用人单位的情况选择诚信查询平台，一般情况下，企业诚信查询可选择国家企业信用信息公示系统；机关事业单位、社会团体和其他社会组织诚信查询可选择信用中国；如需查询用人单位更多诚信记录情况，可选择商业化查询平台。

（3）查询结果的归档。查询到的用人单位诚信情况应及时下载并归档，如果无法下载，可通过截图方式保存查询信息。

4. 审核的要求

（1）提前准备要查询单位的相关信息。例如，单位名称、统一社会信用代码等。如图3-6所示，为国家企业信用信息公示系统首页，输入用人单位名称或统一社会信用代码，点击"查询"，即可显示企业信用信息，如图3-7所示。

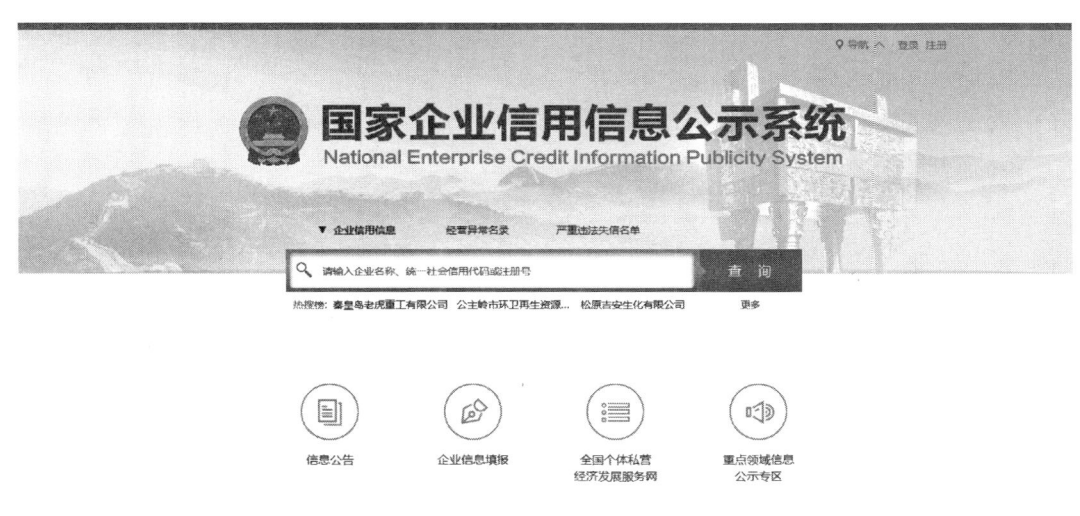

图3-6　国家企业信用信息公示系统首页

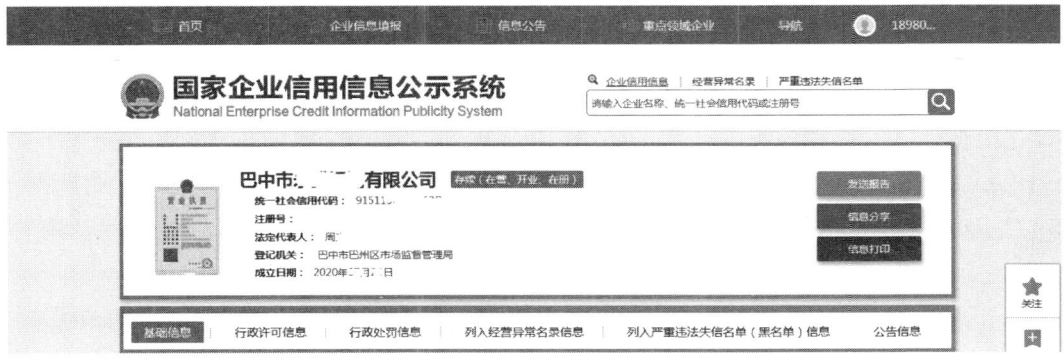

图3-7　企业信用信息

（2）如有异常信息，可以选择多个平台进行查询核对。

 小贴士

一、关于试用期和劳动合同期限的关系

《中华人民共和国劳动合同法》规定，劳动合同期限三个月以上不满一年的，试用期不得超过一个月；劳动合同期限一年以上不满三年的，试用期不得超过二个月；三年以上固定期限和无固定期限的劳动合同，试用期不得超过六个月。

二、关于就业歧视

《中华人民共和国劳动法》规定，劳动者就业，不因民族、种族、性别、宗教信仰不同而受歧视。妇女享有与男子平等的就业权利。在录用职工时，除国家规定的不适合妇女的工种或者岗位外，不得以性别为由拒绝录用妇女或者提高对妇女的录用标准。残疾人、少数民族人员、退出现役的军人的就业，法律、法规有特别规定的，从其规定。

三、关于竞业限制

《中华人民共和国劳动合同法》规定，对负有保密义务的劳动者，用人单位可以在劳动合同或者保密协议中与劳动者约定竞业限制条款，并约定在解除或者终止劳动合同后，在竞业限制期限内按月给予劳动者经济补偿。劳动者违反竞业限制约定的，应当按照约定向用人单位支付违约金。竞业限制的人员限于用人单位的高级管理人员、高级技术人员和其他负有保密义务的人员。竞业限制的范围、地域、期限由用人单位与劳动者约定，竞业限制的约定不得违反法律、法规的规定。在解除或者终止劳动合同后，上述规定的人员到与本单位生产或者经营同类产品、从事同类业务的有竞争关系的其他用人单位，或者自己开业生产或者经营同类产品、从事同类业务的竞业限制期限，不得超过二年。

学习单元 2　指导用人单位登记招聘信息

一、登记招聘信息的准备工作

1. 拟定招聘内容

用人单位根据生产经营和后续发展的需求，提前进行招聘岗位的设置，拟定招聘内容。

（1）岗位工作任务的性质、内容和程序。完成各项任务所需要的时间及占工作日制度时间的百分比。

（2）岗位的名称、工作地点和本岗位职工的职称、职务、工龄、技术等级、工资等级等。

（3）岗位的责任和权限。

（4）招录条件，包括性别、年龄、学历、专业或从业资格证书、素质品格等要求。

（5）岗位工作的危险性、劳动强度、劳动空间、操作的自由度等。

（6）岗位使用设备、工具的复杂程度。

（7）工作条件和劳动环境，如噪声、粉尘、有毒有害气体、雾滴、振动、热辐射等。

（8）工资及福利待遇。包括基本工资、计时工资、计件工资，各类奖金、津贴补助等。

（9）本岗位与其他岗位的关系，如管辖、晋升、轮换等。

（10）其他需要补充说明的事项。如单位名称、单位类型、单位规模、单位宗旨、试用期、劳动合同期限、培训期、面试及简历投放方式和招聘期限等内容。

2. 准备资质资料

无论是线上还是线下招聘平台，都要对用人单位的资质资料进行审核和备案。根据相关法律法规，用人单位需要准备以下资料：营业执照（副本）或者有关部门批准其设立的文件、经办人的身份证件和用人单位的委托证明文件。

3. 选择招聘平台

在实际操作中，可以根据用人单位的综合情况（如人员年度流动变化情况），以及本地区人力资源市场的供求状况、工资价位、需求特点等，结合单位对人员的具体要求，选择针对性强、操作性强的招聘平台。比如，招聘对象为年龄偏大、技能要求较低的普通操作岗位人员，可优先选择线下招聘平台，特别是现场招聘会效果最佳；招聘对象为学历要求较高的高端人才或高校毕业生等，则可优先选择线上招聘平台；对于用工需求量大、人员流动性强的用人单位，可选择线上线下同时进行的招聘方式。

二、线上平台招聘信息的填报步骤

用人单位通过线上平台发布招聘信息，建议优先考虑公共就业服务平台。以××省公共招聘网为例，填报招聘信息主要包括以下几个步骤。

1. 完成注册认证

用人单位在线上平台完成单位注册是线上招聘的第一步，如图 3-8 所示。注册时，用人单位需要将营业执照、经办人身份证、法人身份证和招聘委托书等证件资料扫描版上传平台，进行资质认证审核，如图 3-9 所示。认证审核通过后，用人单位才能查阅或发布相关供求信息，其他经营性商业性招聘平台一般需要充值缴费后才能使用。

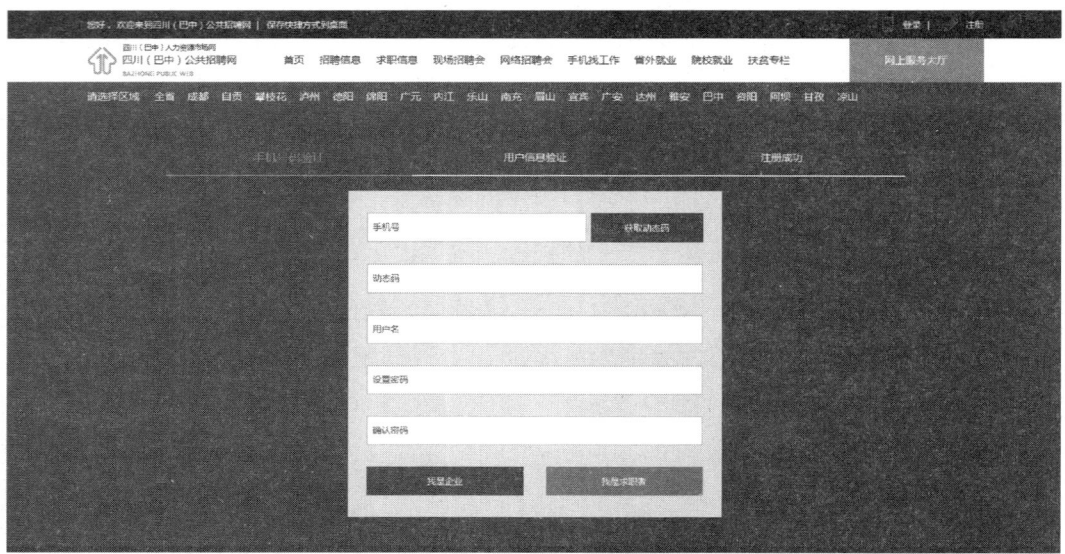

图 3-8 注册账号

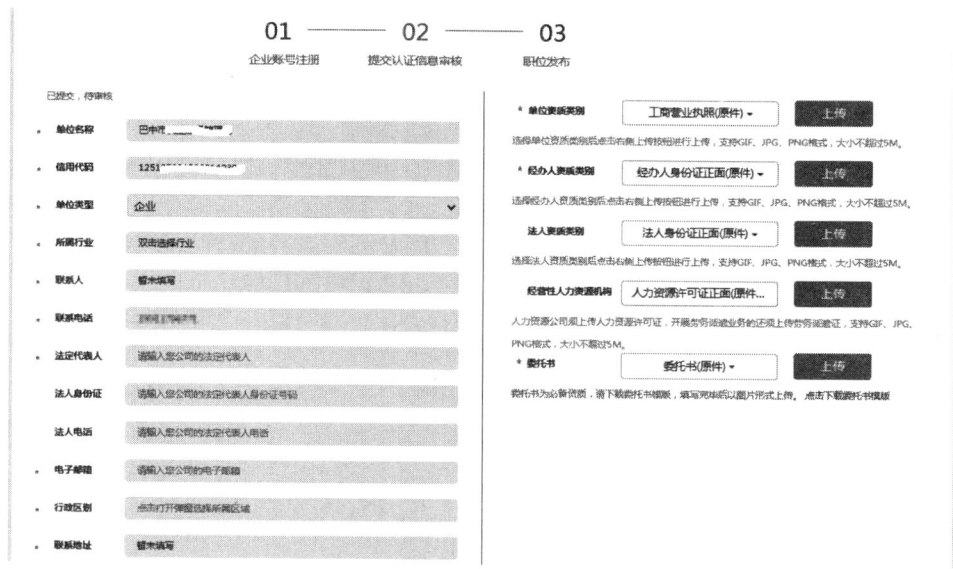

图 3-9 填写单位信息并上传认证资料

2. 完善基础信息

注册认证通过后,应尽快完善单位相关信息,如单位简介、所属行业、规模、地址、联系方式等,完善用人单位基础信息更能吸引求职人员关注,进而提高招聘成功率,如图 3-10 所示。

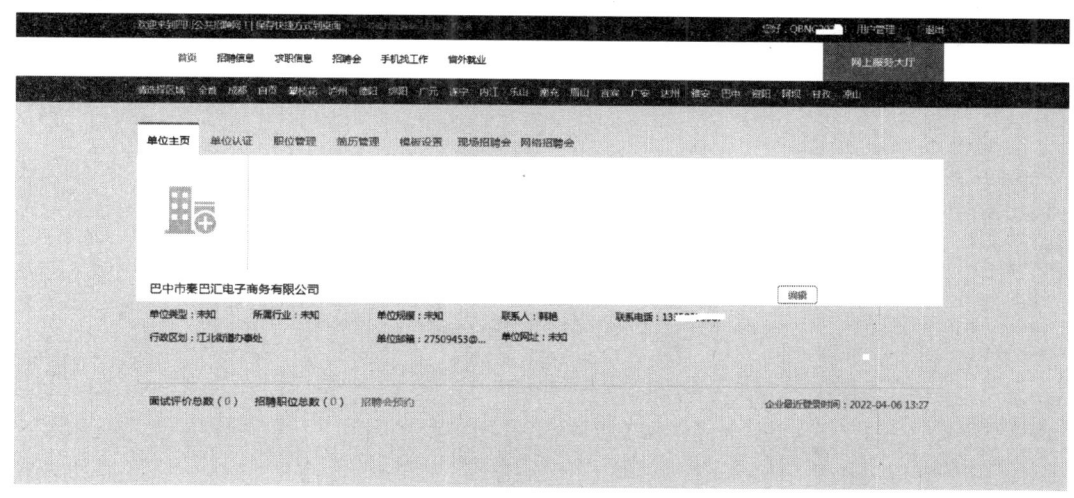

图 3-10 完善用人单位基础信息

3. 填报职位信息

用人单位根据需求编辑职位信息,包括岗位名称、招聘人数、招聘要求、薪酬待遇等内容。编辑的内容不得违反《中华人民共和国劳动法》《中华人民共和国劳动合同法》等相关法律法规，否则，线上平台将不予发布。职位管理及发布如图 3-11 所示。

图 3-11　职位管理及发布

4. 查询简历信息

职位发布后，用人单位可通过线上平台查询应聘人员投递简历的情况，也可以在平台的求职信息库中查询与发布职位匹配的求职信息。用人单位应及时回复和处理投递的简历。搜索简历信息页面如图 3-12 所示。

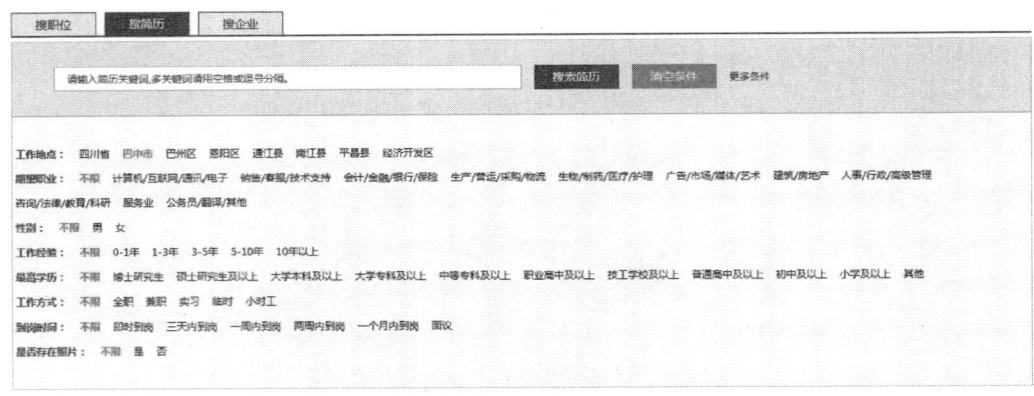

图 3-12　搜索简历信息页面

5. 邀约人员面试

若有合适的求职意向人员，用人单位应尽快邀约面试。邀约面试可约定时间和地点面对面进行，也可以通过线上平台进行远程面试或视频面试。

6. 职位信息归档

完成人员招录后，用人单位应及时将发布的职位信息进行归档，避免其他求职人员咨询。若未完成人员招录，也应该及时更新职位信息。线上平台一般有自动归档设置，一定时间后会自动归档未更新的职位信息。

三、线下平台招聘信息的填报步骤

1. 在公共就业服务机构办理招聘登记

公共就业服务机构是由县级以上人民政府批准设立的，为劳动者和用人单位提供公共就业服务的组织，以及在街道（乡镇）、社区（行政村）为劳动者和用人单位提供公共就业和社会保障服务的组织，公共就业服务机构免费为用人单位提供招聘等公共就业服务。用人单位需携带营业执照、经办人身份证、法人身份证和招聘委托书等证件资料前往服务窗口，在工作人员的指导下办理招聘登记信息填报等业务，也可以在服务大厅通过自助服务终端机填报招聘登记信息。

2. 在职业中介机构办理招聘登记

职业中介机构是指由具有职业介绍服务资质的法人或其他组织举办的，为用人单位招用人员和劳动者求职提供中介服务及其相关服务的经营性组织。用人单位可在职业中介机构工作人员的指导下填报和发布招聘信息，除需提供相关证照资料外，一般还会产生相关费用，用人单位需有一定的经费预算。

3. 组织现场招聘会办理招聘登记

现场招聘会是在约定的时间和场地，组织用人单位和求职人员进行洽谈、双向选择的人力资源交流活动。其形式和办理方式与参加线上招聘会相同。

四、注意事项

1. 准确规范填写用工需求。严格按照招聘服务相关规定，准确填写单位基本情况、招聘人数、招聘条件、工作内容、劳动报酬等信息。规范、翔实的用工信息更能吸引有意向的求职人员主动投递简历。

2. 用人单位应根据用工情况及时更新招聘信息，对已招满的岗位及时归档"下架"。

3. 用人单位应及时对投递的简历进行回复，尽量安排时间与符合应聘条件的求职人员面试，减少简历投递人员的流失。

4. 用人单位如选择职业中介机构进行招聘登记,可能会产生相关费用,应注意控制成本。

 小贴士

公共就业服务机构线上招聘平台

一、就业在线

"就业在线"是由人力资源和社会保障部组织建设的国家级招聘求职服务平台。平台通过网页和电子社保卡等方式开展应用,是汇聚各地、各类人力资源服务机构的"旗舰店",发挥公共就业人才服务机构和经营性人力资源服务机构的作用,实现招聘求职信息实时共享和发布,同时,基于平台统一提供的用户管理、岗位发布、简历投递以及信息推送等功能,支持跨区域、跨层级开展招聘求职服务。

二、中国公共招聘网

"中国公共招聘网"前身为"全国招聘信息公共服务网",是人力资源和社会保障部主办的公共就业服务网。通过与各级公共就业和人才服务机构联网,汇总共享招聘信息、招聘会信息、市场资讯等就业信息并统一对外发布。此外,还可以提供证书查询、考试查询、公共就业和人才服务机构查询等服务。与"就业在线"汇聚并发布各类人力资源服务机构招聘信息不同,"中国公共招聘网"所有招聘信息及招聘会信息均由县级以上人民政府举办的公共就业和人才服务机构提供。所以,用人单位要发布招聘信息,在各地公共就业和人才服务机构网站进行招聘登记即可。

此外,教育部主办的"新职业教育部大学生就业网"提供"24365"校园招聘服务,即24小时365天全天候服务;工商联主办的"全联人才在线"以促进人才交流和服务民营经济为重点,全方位收集和发布各类供求信息。还有各省、市人力资源和社会保障部门主办的公共就业服务网站,更多地为本区域用人单位和求职人员收集和发布供求信息,更适合招录本地人员的用人单位和有就近就业意愿的求职人员。

学习单元 3　招聘材料归档与信息发布

一、招聘登记材料的归档备案

1. 归档的材料内容

（1）招聘单位证照资料。主要包括营业执照（副本）或者有关部门批准其设立的文件、经办人的身份证件和用人单位委托的证明。其中，经营性人力资源机构招聘登记时，除需上述证照资料外，还需要人力资源服务许可证或劳务派遣服务许可证。归档前要对以上材料的真实性、合法性进行审查。

（2）用人单位情况。用人单位招聘登记应尽量完整收集单位基本情况，其中单位名称、统一社会信用代码、单位类型、单位规模、注册地址、所属行业、行政区划、联系人、联系人电话、电子邮箱、单位简介等为主要指标。

（3）招聘简章。主要包括单位基本情况、招聘人数、招聘条件、工作内容、工作地点、基本劳动报酬等招聘信息。

2. 归档备案的主要步骤

（1）资料整理。对已存入计算机或系统的用人单位信息资料进行收集整理。这个环节也是信息资料集中的过程，是进行信息处理的基础。

（2）合格性审查。收集的所有信息资料要进行合格性审查，审查重点是用人单位的材料是否符合要求，表格的填写与录入是否有遗漏或不清楚之处。该环节是对相关信息资料进行补充完善的过程。

（3）分类编号。对用人单位信息进行逻辑结构的序号管理。

（4）资料汇总。这个环节是一个比较重要的环节，通过网络或数据系统对已整理的资料进行汇总，并记录在案。

（5）备份存档。将汇总资料进行备份处理，避免资料丢失。

3. 注意事项

（1）完整。这是特别需要强调的注意事项，用人单位提供的资料，包括用人单位招聘情况登记表、营业执照副本复印件、介绍信原件、经办人身份证复印件、招聘简章原件，均需加盖用人单位的有效印章。

（2）系统。档案必须按一定的逻辑规定分类。

（3）简明。尽可能用简短明了的文字说明情况。

（4）集中。档案必须集中统一管理。

二、招聘信息的发布

1. 招聘信息发布的内容

（1）用人单位基本情况。包括单位名称、单位类型、单位规模等内容。

（2）招聘岗位名称。要注意使用规范的行业岗位名称。

（3）招聘人数。应明确标出招聘的人数或范围。

（4）工作内容。包括工作职责、工作的形式、使用的工具、地点和时间等内容。

（5）招录条件。包括性别、年龄、学历、专业或专业从业资格证书、素质品格等要求。

（6）工资及福利待遇。包括基本工资、计时工资、计件工资，以及各类奖金、津贴补助等。

（7）社会保险。应明确写出所缴险种名称。

（8）其他约定事项。如试用期、劳动合同期限、培训期、面试及简历投放方式和招聘期限等。

（9）联系方式。包括联系人、联系电话和联系地址等。

2. 信息发布的主要步骤

（1）整理招聘信息。首先对用工信息做初步的审核、分类、筛选整理工作。在这个环节中，要把握三点：一是要精挑细选，筛选出适应市场需要的招聘信息，剔除无效信息；二是要有针对性，选择重要的信息项发布，不能"胡子眉毛一把抓"；三是要将信息进行有效分类，以便按类发布信息，方便求职人员查询，以提高职业介绍的效率。

（2）选择发布形式。根据用人单位的实际情况，选择合适的信息发布形式。

（3）确定发布内容。根据不同的发布形式确定信息发布的周期、时间和信息项等内容。

（4）发布信息。利用各种线上线下媒体工具发布信息。

3. 信息发布的主要渠道

（1）就业服务机构（人才中介机构）。例如，人力资源市场、人才服务中心、职业介绍中心、人力资源派遣公司等。这种渠道适用于对技工和操作工人等一线工人的招聘。

（2）现场招聘会（人才洽谈会、人才交流会、招聘洽谈会）。现场应聘的人员一般以刚毕业的学生居多，他们大多缺乏从业经验，综合素质也较为有限。一般而言，这种渠道主要适合于对基层人员的招聘。

（3）媒体公开招聘。通过广播、电视、报刊、网络等媒介向公众传递企业的就业需求信息。利用媒体公开招聘的方式，可以获得大量求职人员的信息，也会吸引到较高素质的人才，企业可选的余地较大。同时，通过媒体公开人才招聘信息时，出色的宣传和表现形式也无疑为企业自身做了一次广告。这种渠道适用于对中层人员及部分要求较高的基层人员的招聘。

（4）线上招聘。线上招聘是指利用互联网技术进行的招聘活动，包括信息发布、简历的收集和整理、在线面试以及测评等。线上招聘获取的信息量大、速度快、效率高、覆盖面广、互动性强。但是，这种招聘渠道也有不足之处。例如，企业想要从成千上万的求职人员信息中挑选出合适的人选，就意味着招聘者需要完成大量的信息筛选工作，同时，信息的处理也具有复杂性。又如，每个求职人员为了找到一份好的工作，往往会在简历制作上下大功夫，试图通过简历把自己包装得完美一些，这样就难免会有夸张的成分在其中，因此导致线上招聘平台存在着大量虚假信息，分辨这些信息的真伪会造成招聘企业资源的浪费。一般而言，这种渠道适用于对有一定知识和技能的年轻群体以及白领阶层的招聘。

（5）猎头公司招聘。由猎头公司为用人单位推荐人才，效率较高，招聘更有的放矢，应聘人员的从业素质、职业道德也有一定的保证。这种渠道适用于对紧缺人才和经验丰富的高层管理人员、高级技术人员的招聘。

（6）校园招聘。校园招聘一般由学校就业部门或省市毕业生就业指导中心在每年11月、12月或3月、4月举办，主要面向即将毕业的应届生。这种招聘会通常职位数量有限，参加应聘的学生很多。大型、综合的校园招聘会一般选址在大型的展览中心、体育场馆等，可吸引几百家甚至上千家各种行业和类型的公司前来招聘人才。这种渠道适于对应届毕业生与暑期临时工的招聘。

（7）内部选拔。内部选拔是在招聘时将目光投向企业内部，在企业内部各部门的员工中进行挑选，将员工提升到较高的职位，或换到另外一个部门工作。这种渠道适用于对专业技术人员和中高层管理人员的招聘选拔。

（8）动员内部员工帮助招聘。通过员工对企业的认可，在自愿和奖励机制的激励下，员工从乡亲、朋友、同学等熟悉的人群中帮助企业招聘所需的员工。这种招聘方式主要适用于对生产一线员工的招聘。

4. 注意事项

（1）发布的信息要合法，符合政策要求。用工信息的发布应遵守《中华人民共和国广告法》《中华人民共和国劳动法》《中华人民共和国促进就业法》等法律法规和地方有关人力资源市场信息发布的规章。

（2）信息发布要公正。除法律有特殊规定外，处理用工信息不能有任何特殊照顾行为，更不能有任何歧视行为。

（3）发布的信息要真实、可靠。发布信息的直接目的是促进用人单位和求职人员的相互选择，最终目的是充分开发和合理配置人力资源，促进经济发展和社会稳定。因此，信息发布必须本着对人力资源供需双方负责的态度，招聘信息须经过严格认真的审核，确保内容的真实可靠，坚决杜绝虚假信息。

（4）发布信息要尊重隐私。信息发布要征得用人单位的许可，要注意保护隐私。

（5）发布的信息要及时。发布的招聘信息都有一定的时限，为保证信息的充分使用，一般考虑信息反馈最快的媒体，如互联网、电视和报纸。因此，职业指导工作者在发布信息时，必须根据其时限要求掌握发布时机、方式和次数。

 **相关链接**

写出高质量招聘信息要把握的三点

一、明确岗位需求

明确岗位需求就是对于岗位的描述一定要准确，有什么写什么，不要照搬其他公司岗位描述，这样很容易让求职人员误解。要知道即使是同一个岗位，根据企业情况不同，岗位要求也会不同。

二、工资要符合市场水平

企业可以压低工资，但是工资一定要符合市场水平，否则很难吸引应聘人员。比如，人事专员市场工资一般是 3 000 元，招聘岗位工资如果是 2 800 元，可能会有人来应聘，但如果是 2 500 元，就会很少有人问津。

三、提高招聘岗位曝光度

可以在招聘信息中加一些优化搜索引擎的词语,比如各种与岗位信息有关的关键词,这样更容易被应聘人员搜索到招聘信息。

思考题

1. 为用人单位办理招聘登记,主要包括哪些内容?
2. 通过网上诚信平台进行审核时,主要工作要求是什么?
3. 指导用人单位发布招聘信息时,可以推荐哪些发布形式?
4. 归档备案的招聘登记材料有哪些?
5. 面对办理招聘登记的用人单位,进行流程引导服务的主要步骤是什么?
6. 用人单位办理招聘登记时,主要对哪些内容进行审核?

培训课程 3 推荐介绍

学习目标

1. 能熟练地为求职人员提供一般性岗位推介服务。
2. 能为灵活就业人员、技能人才提供岗位推介服务。
3. 能指导服务对象实现人–职自助匹配。
4. 能为用人单位提供日常招聘及招聘后续服务。

学习单元1　提供一般性岗位推介服务

一、一般性岗位推介服务的内容

1. 接待登记

职业指导工作者应积极、主动、热情地接待来访人员，了解来访意图，按相关规定检验证件，并通过咨询了解来访人员的求职或招聘需求，指导求职人员和用人单位填写相关表格，办理求职登记或招聘登记。

2. 岗位检索

根据求职人员和用人单位的具体需求，通过人力资源市场数据库系统或公共就业服务数据系统检索符合条件的招聘信息或求职信息。

3. 匹配推荐

通过信息推送、信息发布、交流洽谈、面试等方式匹配推荐相关信息。

4. 跟踪回访

在一定时间内，与求职人员和用人单位保持联系，了解并追踪推介服务后的效果。如果供求双方匹配成功，应通过追踪服务，了解双方建立劳动关系状况及供求关系稳定状况；如供求双方未能相互选择成功，则应继续为双方提供推介服务。

二、岗位推介服务基本步骤

1. 检索招聘信息

职业指导工作者为求职人员查询符合其条件的招聘信息或指定单位的招聘信息。

2. 选择招聘单位

求职人员根据检索的招聘信息确定意向单位，在此过程中，职业指导工作者可以进行简单的职业指导，如帮助求职人员明确职业价值观、端正就业观念等。

3. 开具面试通知单

求职人员确定招聘单位后，职业指导工作者应根据招聘单位的面试方式开具面试通知单，并配发"应聘报名表"。

4. 明确反馈时间

职业指导工作者应向求职人员介绍面试结果反馈的时间，以及相关注意事项。

三、人－职匹配的基本原则

在求职招聘过程中，求职人员与职业的匹配力求合理化、最佳化，这样不仅能提高职业供求信息的使用效率，而且为提高工作效率和就业质量奠定了基础。

1. 技能与岗位相匹配

根据求职人员所具有的职业技能素质，在用人单位的招聘岗位信息中查找相符合的就业岗位信息，使求职人员技能素质与就业岗位要求相匹配是最合适、最合理的，能够达到求职人员技能与岗位要求相适应，也有利于人尽其才、才尽其用。

2. 意愿与需求相匹配

根据就业岗位对求职人员的知识、专业、技能、经验的具体要求，在求职人员数据库中查找求职意愿相匹配，同时具有相应职业技能素质的求职人员，使就业岗位要求与求职人员求职意愿相适应，有利于调动人员工作积极性。

3. 讲究匹配效率

采集的求职信息和岗位信息具有时效性，时间的推移会抵消供求信息的可用性，因此，在运用人力资源市场信息网络进行信息匹配时，要掌握好效率原则，提高工作效率。

4. 注意动态调整

从发展的观点看，职业供求信息的匹配是动态变化的，应根据职业供求信息匹配过程中反映出的问题，结合求职人员实际、劳动者供求关系、工资差别和岗位状况的变化情况及时调整匹配结果。

四、人 - 职匹配的主要方法

信息匹配体现的是人力资源市场中求职人员自主择业和用人单位自主用工"双向选择"的特点，主要包括以下三种匹配方法。

1. 以用人单位要求为主的信息匹配

在用人单位自主用工的过程中，用人单位根据生产需要提出用工需求，按相关法律法规要求拟定招聘条件和用工待遇，在人力资源信息数据库中进行检索查询，查找符合招聘条件的求职人员信息，最终完成信息匹配。检索查询有两种形式，即用人单位输入全部招聘条件和输入主要招聘条件。两种检索查询形式获得的结果不同，应根据用人单位招聘情况确定：容易完成招聘的岗位，人力资源数据库中信息资源多，可输入全部招聘条件，以获得信息全面且符合条件的求职人员；相反，不易完成招聘的岗位，如果输入全部招聘条件，符合条件的求职人员会更少，要放宽条件，输入主要招聘条件。

2. 以求职人员要求为主的信息匹配

求职人员在自主择业过程中，根据自己的求职意愿和职业技能素质，提出信息检索查询要求，职业指导工作者在人力资源信息数据库中进行检索查询，查找符合求职人员求职意愿的用工信息，最终完成信息匹配。

3. 根据供求双方要求双向查询匹配

双向查询主要是满足不同用工需求和求职人员的要求。例如，用人单位需要委托招聘的，或者求职人员要求集中获得用工信息的，职业指导工作者在人力资源信息数据库中进行检索查询，查找符合求职人员求职意愿和用人单位招聘条件的职业供求信息，最终完成信息匹配，通知和安排双方取得联系，并介绍双方面谈。

> 小贴士

岗位名称怎么填写

岗位名称按照从事岗位的具体名称填写即可。比如：

高层管理岗位有总经理、总裁、董事长、首席执行官、副总经理、人力资源总监、财务总监、首席财务官、营销总监、市场总监、销售总监、生产总监、运营总监、首席运营官、技术总监、首席技术官、总经理助理等。

人力资源管理岗位有人力资源经理、人力资源助理、人力资源专员、招聘主管、员工培训与发展主管、培训师、培训专员、绩效考核主管、薪资福利主管等。

财务与会计岗位有财务经理、财务助理、预算主管、财务成本控制主管、应收账款主管、会计主管、资金主管、投资主管、融资主管等。

学习单元2　为灵活就业人员和技术技能人才提供岗位推介服务

一、灵活就业人员岗位推介服务

1. 灵活就业的特征

（1）灵活就业的岗位形态。

1）通过非全日制、非固定岗位、临时性、季节性、弹性工作等多种方式实现灵活就业（包括在社区从事便民服务）。

2）通过新形态就业，即在网络平台实现灵活就业。

3）通过自我雇用、自谋职业和以个人身份从事自由职业的灵活就业。

（2）灵活就业的优势和劣势。灵活就业者与一般企业职工就业在生产组织管理和劳动关系上存在不同，灵活就业在劳动时间、工作场所、劳动关系等方面都具有灵活自由的优势，有利于改善工作和生活的平衡。但灵活就业者的就业稳定性和权益保障的不确定性较大。

2. 岗位推介的一般做法

（1）介绍背景。以一个位于三线城市的某智能家政服务公司为例，公司基于互联网技术自主研发家政服务网络平台，采取"互联网+"的经营模式，线上搜集整合家政资源，线下运作经营家政服务业务，即客户通过手机App或微信小程序发送家政服务预约定单，登记在册的家政服务人员通过手机App选单接单。

（2）介绍工作内容。例如，平台接单主要是小时工，包括洗衣、做饭、打扫卫生、看护老人等，许多家政服务人员通过尽职尽责的服务得到客户的信任，成为固定雇佣关系，收入稳定。

（3）介绍收入情况。如每天工作4小时，每小时30~40元，每月平均收入3 500~5 000元。很多表现出色的小时工每月可以获取6 000~8 000元报酬。

3. 帮助灵活就业人员解决具体困难

（1）对灵活就业人员的工作进行经常性检查和指导，如发现他们遇到困难应及时帮助解决。

（2）指导灵活就业人员服从社区管理，遵守相关规章制度。

（3）介绍相关激励政策，帮助灵活就业人员申请社会保险补贴。灵活就业人员必须按规定进行就业登记并以个体身份参加社会保险，按时足额缴纳社会保险费。

 **相关链接**

灵活就业人员社会保险补贴

一、补贴对象

灵活就业后缴纳社会保险费的就业困难人员；灵活就业后缴纳社会保险费的离校1年内未就业高校毕业生。

二、补贴标准

就业困难人员灵活就业后的社会保险补贴标准原则上不超过本人实际缴费的2/3。就业困难人员社会保险补贴期限，除对距法定退休年龄不足5年的就业困难人员可延长至退休外,其余人员最长不超过3年(以初次核定其享受社会保险补贴时年龄为准)。离校1年内未就业的高校毕业生灵活就业后的社会保险补贴标准原则上不超过本人实际缴费的2/3,补贴期限最长不超过2年。

三、申领和支付

社会保险补贴实行"先缴后补"的办法。灵活就业的就业困难人员和灵活就业的离校1年内高校毕业生,申请社会保险补贴应向当地人力资源和社会保障部门提供以下材料:就业创业证复印件或毕业证书复印件、灵活就业证明材料、社会保险费征缴机构出具的社会保险缴费明细账(单)、本人的社会保障卡或银行账户等。人力资源和社会保障部门审核后,由财政部门或委托人力资源和社会保障部门按规定将补贴资金拨付到申请者社会保障卡或银行账户。

二、技术技能人才岗位推介服务

1. 技术技能人才的特征

技术技能人才一般是指具有高技术、高技能的人员,将他们从一般性的求职人员中分离出来,更好地为这类人员进行职业指导服务,有利于充分开发利用人力资源。

(1)专业技术人才。专业技术人才是指在各个领域掌握专业技术,具有技术资格,并可运用专业技术开展工作的人员。

(2)技能型人才。技能型人才是指在生产和服务等领域岗位一线,掌握专门的知识和技术,具备一定的操作技能,并能运用技能进行实际操作的人员。

2. 岗位推介的主要步骤

(1)了解求职人员基本情况。通过与求职人员交谈,了解其基本的背景信息,对符合相关规定的技能人才进行相关推介服务。

(2)检查相关证件。主要包括求职人员的职业资格证,职称、职业技能、外语和计算机等级证,学历证,学位证等。

(3)填写登记表。引导此类人员正确、规范填写"中高层人力资源登记表",特别要指导求职人员认真填写其中的特长、工作业绩部分,并将相关证件资料的复印件附在登记表后。

（4）录入资料并存档。检查无误后，将收取的"中高层人力资源登记表"录入人力资源数据系统，并送交中高层人力资源部门统一存档。

（5）提供匹配服务。将求职人员的所有资料推荐到专门的人才网站，或列入专业技术技能人才库，或将专业技术技能人员信息转至招聘会、猎头公司等，并进行相应职位的人才匹配。

（6）对照地方、部门调查摸底列出的急需人才清单，向有关单位直接推荐。

（7）一些地方出台了吸引高级技术和高技能人才的政策，应广而告之，了解和反映人才的需求以及政策落实情况。

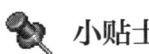 小贴士

职业资格和职业技能证书相关知识

一、职业资格证书

国家职业资格目录范围内的职业资格证书受国家认可。2021年公布的职业资格目录共有72项职业资格。其中，专业技术人员职业资格59项（包括准入类33项，水平评价类26项），技能人员职业资格13项。

二、职业技能等级证书

经人力资源和社会保障部门及其认定的职业技能等级评价机构，按照国家职业技术标准或行业企业评价规范，对劳动者进行职业技能等级评价，对合格人员颁发职业技能等级证书。

三、专项职业能力证书

专项职业能力考核由职业技能鉴定机构依据国家颁布的考核规范，对劳动者某一专项职业技能进行客观评价鉴定，对考核合格者颁发专项职业能力证书，并作为劳动者能够熟练掌握并应用某项实用职业技能的证明。

职业资格证书和职业技能等级证书可通过人力资源和社会保障部技能人才评价证书全国联网查询网站查询。专项职业能力证书一般可通过省、市职业技能鉴定相关网站查询。

 相关链接

海南省优化大师级人才服务保障实施办法（摘录）

第一条 为深入贯彻落实习近平总书记在庆祝海南建省办经济特区30周年大会上的重要讲话和《中共中央、国务院关于支持海南全面深化改革开放的指导意见》（中发〔2018〕12号）精神，认真贯彻落实中央和省委关于加强党委联系服务专家工作的部署要求，加强大师级人才引进支持和服务保障工作，制定本办法。

第二条 本办法适用于符合《海南省高层次人才分类标准》，由我省企事业单位全职引进（聘期5年以上，每年累计在琼工作6个月以上）或培养入选的大师级人才。

第三条 全职引进或培养入选时，给予大师级人才一次性人才补贴300万元，薪酬待遇按照"一事一议"方式给予支持。

第四条 按照属地原则向大师级人才提供人才公寓（套型建筑面积一般不超过200平方米），8年免收租金。全职工作满5年由政府无偿赠与80%产权，满8年无偿赠与100%产权。可根据需要在琼购买1套住房。

第五条 大师级人才依申请可直接取得小客车其他指标。用人单位按规定应优先提供公务用车便利，根据科研工作按需提供办公用房。因公出行用人单位可协调空港、车站、码头使用贵宾室、要客通道，乘坐交通工具的等级可参照《海南省省直机关差旅费管理办法》（琼财行〔2014〕493号）省级及相当职务人员标准执行。因公出差可联系海南省驻外办事机构提供车辆保障。

第六条 大师级人才纳入省保健委医疗保健服务对象范围，按副省级享受医疗保健服务待遇。省级医疗保障行政部门每年按照1万元标准为其统一购买商业健康团体保险。优先推荐参加中央、省委组织的专家休假疗养活动。

学习单元 3 指导服务对象实现人-职自助匹配

一、人-职自助匹配及指导流程

人-职自助匹配是指通过自助的方式，实现自动匹配就业。在公共就业服务场所中最常见的就是利用信息栏、宣传展架帮助求职人员寻找工作的做法。其目的是通过"自助"解决问题，实现"自助者自强"。自助指导在人口众多的我国具有极为重要的实际意义，在公共就业服务资源有限的情况下，要使更多人实现就业、走上更加美好的职业发展之路，自助指导是一种重要的手段。

指导自助匹配可以按以下流程进行：

接待受理→了解情况→自助指导→跟踪回访

二、人-职自助匹配指导的要求

1. 注意自助形式与内容的搭配

自助指导的内容是决定指导目标实现的基本前提，采用的形式是重要参量，而两者的适当结合则是决定目标实现的保障。

2. 科学使用信息栏和宣传牌

信息栏和宣传牌的位置设置、面积大小、项目内容、背景颜色、重点内容、更换时间、稿件征集等都要精细策划。

3. 实施简单的自助体验

通过自助体验获得收获，以产生新的认知形成自助。例如，希望求职者能够通过自助体验，最终对自己希望做的工作有一个正确的认识，体验过程可分成四个步骤：步骤一，让求职者描述想要从事的工作；步骤二，在招聘网站上找出喜欢的工作；步骤三，将收集到的职业或岗位信息根据求职者的特长和可能性重新进行排序，将最可能从事、最接近专业特长的职业或岗位排在第一位，以此类推；步骤四，仅仅针对前三位的职业或岗位，从十个考虑因素分别进行对照，会得出三个答案，这时候求职者会知道自己最希望做的工作是什么了。

* 本单元相关内容可与基础知识自助指导技术单元相关内容结合学习。

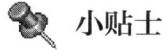
小贴士

人 – 职匹配理论

人 – 职匹配理论的基本思想是个体差异是普遍存在的，每一个个体都有自己的个性特征，而每一种职业由于其工作性质、环境、条件、方式的不同，对工作者的能力、知识、技能、性格、气质、心理素质等有不同的要求。进行职业决策（如选拔、安置、职业指导）时，就要根据每个人的个性特征来选择与之相对应的职业种类，即进行人 – 职匹配。

学习单元4　为用人单位提供人力资源推介服务

帮助用人单位完成招聘信息登记后，根据用人单位的需求，推荐合适的招聘方式。

一、选择招聘方式的主要步骤

1. 了解用人单位的需求

（1）用人单位人员数量规模，主要专业、工种岗位结构状况。

（2）用人单位主要专业、工种岗位人员流动情况及一般原因。

（3）用人单位目前急需招用的专业、工种岗位人员数量，职业素质、基本能力等从业要求。

（4）用人单位对本次招聘岗位工资、福利、社会保险与建立劳动关系的考虑。

2. 分析招聘成功的可能性

（1）根据用人单位拟招用人员的从业条件，招聘岗位实际工作所需要的文化素质、业务与专业技术的复杂程度，应具备的技能水平以及适应工作长远发展所应具备的发展潜力，具体分析用人单位所提出的从业条件的合理性。

（2）根据用人单位对招聘岗位提供的工资、福利、社会保险待遇水平以及用人单位的社会声誉、工作环境、设施条件等因素，分析用人单位的招聘条件对求职人员的吸引程度。

（3）分析就用人单位劳动人事管理制度是否能够让应聘者产生职业安全感和向心力，预测应聘者的心理反应。

（4）向用人单位介绍本地区人力资源供求状况，特别是人力资源的结构，并进行分析，提出人力资源供给的可能性。

3. 介绍招聘方式的种类

向用人单位介绍招聘方式的种类和内容。目前常用的招聘方式有信息网络方式、媒体广告方式（包括新媒体和自媒体）、洽谈会方式、集中招聘方式和中介机构代理招聘方式。

4. 确定适合的招聘方式

主要根据用人单位各方面的综合情况，人员年度流动、变化情况，以及本地区人力资源市场的供求状况、工资价位、需求特点等，结合用人单位对人员的具体要求选择针对性强、操作性强的招聘方式。

5. 组织落实招聘计划

结合人力资源市场的实际，帮助用人单位组织落实拟订的招聘计划，为用人单位找到需要的员工。

二、工作要求

1. 详细了解用人单位的人员需求情况，除年龄、性别、学历、地区外，重点要了解需求人员的专业、工种岗位以及人员类别、数量，这是决定招聘方式的重要条件。

2. 详细了解用人单位的规模、经营范围、所有制性质、近年来的经营状况，分析用人单位对求职人员的吸引程度。这是决定用人单位能否招聘到合适人选与确定何种招聘方式的前提。

3. 分析当前人力资源市场的供求状况，特别是提供能够满足单位需求的求职人员数量，防止情况脱离实际，盲目进行招聘。

三、注意事项

1. 帮助用人单位树立法治意识，严格按政策规定操作。用人单位招聘人员属于人力资源市场资源配置行为。按照法律法规的有关规定，人力资源市场配置过程中，招聘主体资格的确认，招聘手续、招聘程序以及招聘之后双方劳动关系的确定，都要依照法律法规的约束进行。否则，就会因行为不当造成求职者权益受损，导致劳动关系的不和谐。

2. 不论采用何种招聘方式，职业指导工作者都必须告知用人单位一定要严格履约，保障劳动者的合法权益。用人单位招聘过程中允诺的条件，从法律的角度看，是用人主体一方向对方发出的法律要件，如双方合同成立，对要件内容必须按约履行。

3. 选择不同的招聘方式，可能会出现某些事先未考虑到的情况，如采取洽谈会招聘，可能会出现应聘人员数量过多、招聘秩序混乱等情况；通过媒体招聘，可能会出现收到大量应聘信件无力处理、大量应聘人员来访无力接待等情况。对此，应提示用人单位事先做好应对措施。

 **相关链接**

常用的招聘方式

一、信息网络方式

信息网络方式即用人单位到本地区人力资源市场供求信息网络联网范围内的任何一家机构，通过网络信息的查询、匹配，联网中介机构推荐，用人单位面试，实现招聘目的。这是目前国际通行的现代化招聘方式。它最显著的特点是供需衔接、匹配突破了时空和场所条件等方面的限制，以最快捷的方式实现供需匹配成功。一般来讲，信息网络方式适用于用人单位招聘各类型的人员，在快捷的同时，还便于用人单位对招聘人员进行面试测评和业绩考察等环节的操作。

二、媒体广告方式

媒体广告方式包括以下3个方面：

1. 传统媒体。即用人单位在有关大众传播媒体上刊登招聘广告，有意应聘者观看广告后，按要求去应试或寄送个人材料，面试合格后办理相关手续，招聘即告成功。这种方式的特点是，传递招聘信息快捷，范围较广，且对用人单位有附带的广告效应，但费用较高，传播范围受媒体发行量的限制，供需沟通也受到一定的时空条件限制。此种方式适用于招用专业层次较高、有一定招用数量的情况。

2. 新媒体。即用人单位在主流图文、短视频等网络社交媒体上发布招聘广告，有意应聘者在观看广告后，按要求去应试或投递个人材料，面试合格后办理相关手续的方式。图文和视频能更形象地展示用人单位及岗位的情况，平台方还可以根据大数据分析，更加精准地限定范围、指定特殊群体进行定向推送。这种方式的特点是传播信息快捷、形象，信息推送精准，不受时空的限制，但费用较高，此种方式适用于招用文化层次较高、有一定招用数量的情况。

3. 自媒体。自媒体有别区新媒体，发布主体一般是个人或用人单位自身，即用人单位在相关个人或单位自身的自媒体平台上发布招聘广告，有意应聘者观看广告后，按要求去应试或投递个人材料，面试合格后办理相关手续的方式。这种方式的特点是操作便捷、成本低、传播速度快，不受时空的限制。但普通个人或单位的自媒体关注粉丝数量有限，辐射面不广。此种方式主要适用于用工招用数量不大、成本预算较低的情况。

三、洽谈会方式

洽谈会方式即由中介服务机构举办，通过媒体广告等方式告知供需双方，在预定日期、预定场所双方相互选择、洽谈，实现招聘与择业的方式。这种招聘方式的优点是供需直接见面洽谈，即时进行沟通，双方对于知晓事项，在短时间内即可了解。由于参会单位和应聘者较多，双方的选择范围和余地比较大。其缺陷是供需地衔接受时空条件限制较多，成功率不高。

四、集中招聘方式

集中招聘方式即用人单位与人力资源提供单位协商后，用人单位直接与应聘者集中面试、洽谈。这种方式一般是指用人单位到各类学校或培训机构去选人、招聘，适用于大中型企业集中招用同一类型和素质条件的一般性人员。如采用这种方式，用人单位事先对应聘人员的条件要有基本了解。

五、中介机构代理招聘方式

中介机构代理招聘方式即通过职业介绍服务机构进行代理招聘。用人单位可将招聘条件交付职业介绍中介机构，并办理代理招聘手续。中介机构按照招聘条件招到合适人选后，推荐给用人单位，用人单位根据面试情况做最后决定。

思考题

1. 在为求职人员提供一般性推介服务时，主要包括哪些内容？
2. 简述人－职匹配的基本原则。
3. 结合工作实际，谈谈如何做好灵活就业人员岗位推介服务。
4. 结合工作实际，谈谈如何做好技术技能人才岗位推介服务。
5. 简述人－职自助匹配的原则。
6. 结合工作实际，阐述人－职自助匹配的流程。
7. 指导用人单位选择招聘方式的主要步骤是什么？
8. 简述在指导用人单位选择招聘方式时的工作要求。

培训课程 4

就业通用能力训练推介

学习目标

1. 能向服务对象宣传就业通用能力内容、实例及培养意义。
2. 能向服务对象推荐就业通用能力训练项目。

学习单元 就业通用能力的宣传与介绍

一、培养就业通用能力的意义

1. 有助于实现个人职业发展和进步

劳动者只有具备了较强的通用能力，才能适应不同的职业岗位变化和职业生涯发展，更好更快地掌握技术技能，为实现就业、工作提升及转换职业准备条件。

2. 有助于更好地适应用人单位招用人才的要求

用人单位在招聘用人方面不仅考虑劳动者现有的专业技术技能，而且越来越重视劳动者的可塑性和应对变化的能力。

3. 有利于适应人力资源市场发展变化

就业市场面临激烈竞争，人们会经常面临就业、失业和转岗，只有具备了通用能力，才能更好地适应市场变化。

4. 有助于个人素质和工作效率的提高

掌握通用能力更有利于学习掌握多种专业技能，在技术进步和就业环境发生变化时，能尽快适应新环境，掌握新技能。

通过宣传，要使劳动者了解为什么要培养和提高就业通用能力，引起他们的重视并调动其主观能动性。

二、就业通用能力的宣传内容

1. 基本内涵

就业通用能力是指劳动者在就业全过程中所需要的基本能力，主要包括学习提高、表达交流、数字认知、与人合作以及解决问题等基础性能力。

2. 与专业技术能力的关系

二者有所区别，又有紧密联系。就业通用能力与专业技术能力组合成劳动者总体就业能力，就业通用能力既是学习、提升、转换技术技能的基础，又融于专业技术能力之中。

3. 各项通用能力的重点

（1）学习提高能力。主要包括阅读理解、归纳总结、观察思考、分析推理、强化记忆等能力。

（2）表达交流能力。主要包括正确使用文字和口头语言、准确表述、交流观点和分享体验的能力。

（3）数字认知能力。主要包括数字通识、数字运算和数码应用等能力。

（4）与人合作能力。主要包括个人责任、人际关系、有效沟通能力和团队精神。

（5）解决问题能力。主要包括发现问题、进行预判分析、提出解决方案的能力。

总之，应通过宣传和说明，使劳动者了解就业通用能力是什么，使之形成初步的概念。

三、宣传与介绍就业通用能力训练项目的一般程序

1. 宣传就业通用能力基础知识及其重要意义

劳动者往往只重视专业能力的提升，忽视通用能力的培养，所以，应向劳动者宣传就业通用能力相关知识及其重要意义，增强其培养就业通用能力的意识。

2. 对就业者通用能力进行测评

职业指导工作者通过客观专业测评工具和主观评价相结合的方式，对就业者

通用能力进行综合测评,并对测评结果进行解读。分析劳动者当前和未来通用能力培养项目的侧重点。

3. 推荐就业通用能力训练项目

根据劳动者当前和未来需要培养的通用能力,有针对性地提供不同阶段的通用能力训练项目。并对训练情况进行跟踪反馈,确保训练项目具有可持续性和有效性。

四、宣传培养就业通用能力的方式和途径

1. 主要方式

(1)编写手册教程。系统讲解就业通用能力的相关知识以及培养提高各项能力的方法,供劳动者阅读学习、加深了解。

(2)开设学习培训项目。将个人自学、教师讲授和专题座谈、头脑风暴、交流互动、实操训练相结合,供劳动者参与学习。

(3)融合在校培训学习。将就业通用能力学习与专业技术教学相融合,通过培训机构的一体化教学和培训,实现就业通用能力训练与技能训练双提高。

(4)开展典型案例宣讲。收集汇编相关典型案例,从正反两个方面体现就业通用能力对劳动者就业和发展的影响,教育和启发劳动者主动学习掌握就业通用能力。

(5)引导毕业实习训练。带领毕业生进入实习工作环境,积累社会工作经验,使毕业生的就业通用能力得到锻炼和提升,为踏入工作岗位做好准备。

(6)结合就业见习实践。组织失业青年以及离校两年内未就业的高校、中职院校毕业生,通过就业见习进行实践,使相关的就业通用能力能得到锻炼和提升,为成功就业打下基础。

(7)组织服务调研活动。通过志愿服务和社会调研活动可以使服务对象获得深入接触社会实际、真实了解社会、丰富阅历的机会。在这个过程中,锻炼和提高劳动者的就业通用能力。

2. 主要途径

(1)进学校。职业指导工作者进入学校,为相关教师和学生宣传讲解培养就业通用能力的意义,让大家了解就业通用能力对学生就业与未来职业发展的重要性。同时职业指导工作者进入学校,通过组织学生体验就业通用能力训练项目等方式,让学生了解各种通用能力训练的目的、内容和训练方式。并通过相应的测

评，有针对性地为学生推荐相应的通用能力训练项目。

（2）进企业。职业指导工作者进入企业，为企业领导和员工宣传讲解就业通用能力基础知识和相关内容，了解通用能力对促进工作、提升效率的作用，了解通用能力对稳定就业与职业发展的重要意义。职业指导工作者进入企业，为企业员工普及就业通用能力意义和培养训练项目相关知识，让员工了解通用能力的重要性，并接受通用能力训练。然后，对员工进行通用能力测评，提供有针对性的通用能力训练项目。

（3）进社区园区。职业指导工作者进入社区园区，为社区园区工作人员和劳动者讲解就业通用能力相关知识，让他们了解就业通用能力在促进就业、稳定就业以及职业发展中的重要作用增强劳动者培养通用能力的意识。同时，联系社区或园区组织就业者集中开展通用能力专项讲座或训练活动等，为就业者推荐有针对性的、适应性的就业通用能力训练项目。

（4）进人力资源市场。在人力资源市场分阶段、分类组织相关就业群体，由职业指导工作者针对不同群体进行宣传、指导，让他们了解就业通用能力对促进就业和职业发展的作用，增强培养就业通用能力的意识。

1）前台一般性介绍。对已办理求职登记的人员或已办理招聘登记的用人单位提供简短的就业通用能力介绍服务。

2）自助介绍。以专门提供职业指导普及资料、信息和工具为主要形式，提供相应的通用能力介绍服务。

3）线上介绍。以互联网、电话、移动通信为主要手段开展就业通用能力介绍。

（5）"一对一"宣传。当为劳动者提供求职招聘等就业服务时，适时地进行就业通用能力的宣传，让劳动者了解通用能力在求职定位、稳定就业、职业发展和创新创业中的重要作用，使就业者重视就业通用能力的培养。

（6）团体宣传。对招聘、求职服务团体开展就业通用能力介绍和指导服务。使求职者在团体交流互动中了解就业通用能力的含义和内容，掌握提升通用能力的方法和途径。

五、注意事项

1. 强调就业通用能力重要的同时也要重视专业能力培养的价值以及两者的结合。

2. 在介绍宣传就业通用能力时，要以服务对象的年龄特征、接受程度为基点。

3. 在提供就业通用能力指导时，应结合劳动者职业规划中目标职业的性质特征，针对性地提供个性化服务。

学习提高能力实例

某连锁服装销售公司因业务发展需要，有两个门店各需增加一名销售员。在人力资源市场发布了招聘两名门店销售人员的信息后，王晓晓和孙向兰两位应聘者报名并通过了面试，分别被录取到两个门店试用。

孙向兰从某高职院校服装设计专业毕业后，两年中曾在三家门店从事服装销售工作，但销售业绩一般。据她介绍，主要原因是门店地理位置不佳、服装款式不好或者是装修太差等。这次来这家门店，是因为觉得这家门店位置和服装款式都不差，销售业绩应该不成问题。孙向兰到门店上班后，每天按时开门营业，在柜台等待前来挑选、购买的顾客，却从不主动介绍，甚至对商品的种类和价格都不太熟悉。一个月过去后，销售业绩不尽如人意。由于试用期间未完成基本任务并因两次打游戏被巡店经理发现，同时被顾客投诉。公司以不能胜任工作为由，辞退了孙向兰。

王晓晓是某职业高级中学市场营销专业的应届毕业生，没有销售经验。入职后，每天坚持提前二三十分钟上班，到门店清理卫生，并适时调整门店服装的陈列和装饰件物品的布置，让顾客每次到门店都有一种新鲜感觉。每一位顾客到店，她都立即面带微笑热情迎接，关注顾客言谈举止，分析顾客心理，提供让顾客感到舒适的服务。服务中，主动征求顾客需求和意见、建议，如果能解决的，尽力满足顾客需求。同时，积极收集顾客反馈的其他信息，只要有价值的信息都会及时整理、分析上报。王晓晓还经常利用晚上空余时间学习服装面料、风格、款式以及服装销售相关知识技能，并主动向同事、上级请教，不断提升销售能力。工作中，王晓晓多次提出改善门店形象和销售业绩的合理化建议，被采纳后，顾客反映和销售效果都不错。一个月过后，王晓晓的销售技能得到了明显提升，销售业绩也比上个月提升了20%。由于王晓晓表现突出，业绩良好，公司决定将原定的三个月试用期改为一个月，王晓晓提前两个月转正。

本案例中，孙向兰与王晓晓两个求职者同时被一家公司录用，从事同样的服装销售工作。孙向兰虽然有多年服装销售经验,并且在条件较好的门店工作,但由于欠缺学习提高能力,销售业绩难以提升,最终因不能胜任工作被辞退。王晓晓虽然没有工作经验,但由于具有较强的学习提升能力,销售技能快速提升,实现了良好的销售业绩,最终提前转正。通过本案例可见,通用能力在求职和工作中的重要性。

表达交流能力实例

晓敏是一名离校未就业本科大学生,今年23岁,在校期间,她学习的是人力资源专业,并在毕业前考取了四级企业人力资源管理师职业技能等级证书。毕业后,晓敏一直没有找到合适的工作。最近几个月,晓敏通过人力资源市场、网上求职等方式,向十余家单位投递了简历,应聘的都是人力资源管理岗位。投递简历后,陆续接到招聘笔试、面试的通知。涉及笔试的环节,她都能够顺利通过。但进入面试环节,由于性格较为内向,不善于表达和交流,再加上面试的时候比较紧张,致使面试都以失败告终。晓敏迷茫之际,通过电话联系到区职业介绍中心寻求帮助。职介中心工作人员为晓敏提前预约了职业指导专业人员王老师。王老师按照预约时间,提前准备好相关就业人员求职信息登记表、测评工具等资料。当晓敏按预约时间来到职介中心,王老师立即上前迎接,嘘寒问暖。晓敏看到指导人员如此热情,感到十分亲切,紧张的心情一会儿就消失了。王老师请晓敏填写了一份求职信息登记表,通过沟通交流,对晓敏的基本情况有了初步了解。为了进一步深入了解晓敏,王老师通过利用测评工具和面谈沟通,对晓敏的职业兴趣、职业性格、职业能力等进行了测评。从测评结果来看,晓敏的人格类型属于IER型,适合从事人力资源管理岗位;专业能力方面,虽具备本专业较好的理论基础,但缺乏经验和专业技能;在通用能力方面,虽具有较强的学习提升能力、数据认知能力和一定的解决问题能力,但在表达交流等方面比较欠缺。

王老师了解晓敏求职失败的情况后,结合晓敏的测评结果,开始与晓敏一起细致分析问题的原因。王老师拿出几份人力资源相关的招聘信息和企业人力资源管理岗位工作说明书,对岗位的工作内容和任职资格条件进行逐项详细讲解。强调人力资源岗位所从事各项工作都涉及人,都需要与工作对象交流,与同事和相关部门进行沟通协调、共同合作。做好本职工作,除了需要具备相应的专业知识技能，还需要较强表达交流、与人合作等通用能力。通过交流分析，并与测评结果对比，晓敏也感觉到自己表达交流能力较差，是面试失败的主要原因，从而意识到提升表达交流能力对解决自身就业的重要作用。王老师从专业的角度为晓敏提供了提升表达交流能力的有效方法和渠道，希望晓敏加强这方面能力的培养。

通过此次指导，晓敏找到了自身面试失败的主要原因，也了解了目标职业对通用能力的要求，表示今后将重点加强这方面通用能力的培养，让自己尽快达到人力资源管理岗位的任职要求，顺利实现就业。

与人合作能力实例

黄英是一家保洁公司的项目主管。她在管理保洁员时，特别注重形成良好的工作关系和团队建设。在工作上，黄英讲原则，丝毫不马虎，看到问题就直接指出来，对事不对人，并与当事人一起分析问题原因，找到解决办法。在生活上，她待员工却像兄弟姐妹，员工遇到什么难事，都会热情地帮助解决。由于她在工作中既能以身作则，又能对事公平公正，对人以诚相待，虚心听取员工意见，从而获得了员工的支持和拥戴，带出了一支优秀的工作团队。

在完成一个包括保安、保洁、手推车服务、水暖维修、垃圾清运等多种服务的长期项目中，她带领全体员工始终保持严谨认真的工作态度，扎实苦干，精益求精，并且做到各个环节的人员主动衔接，积极协同配合，有事儿互相帮，有困难一起上，尽心尽责地完成了甲方交付的各项任务，获得好评。

通过这个案例可见，在工作中具备团队协作的能力至关重要。良好的沟通交流和人际关系，不仅可以帮助个人职业获得成功，还有利于形成好的团队精神，营造"众人拾柴火焰高"的良好氛围。

解决问题能力实例

丁文，2019年大学毕业。毕业时他一手拿着学院毕业证，一手拿着餐厅总经理的聘书。

在许多同学眼里，麦当劳的工作无非端盘、扫地、拖地……但丁文相信，麦当劳一定有闪闪发光、值得学习和探索的宝藏。在校期间，他作为学生加入了××市的菁英计划，穿上制服成为一名学生兼职，面对餐厅来来往往的顾客，他开始的服务总是显得生硬，对顾客的需求手足无措。他从同事们身上，逐步学到了如何做到从容微笑的接待。经过一个阶段的扫地、收盘工作后，他由师傅带进了厨房煎炸区域作业，初步了解了每种半成品的英文名称，在多高的温度下烹制多长时间，能保存多长时间。也学到如何操作，制作出各种食品，既开了眼界，也学到了技能……短短两个月，丁文通过了一个又一个的岗位实践并鉴定晋升为训练员，也和其他年纪相仿的兼职同学组成了工作团队。经过努力，丁文晋升为学生经理，公司还针对他个人的情况量身制订了发展计划。短短13个月的时间，丁文从一个初出茅庐的学生员工发展成管理千万元大店的餐厅总经理。

丁文作为2019年××市首位学生餐厅总经理，一路走来，获得了麦当劳给予的发展机会和系统培训，使他迅速掌握餐厅服务和管理技能，在解决员工管理、为顾客服务、提升服务质量、提升团队绩效等种种问题上都具备了相应的能力和经验，实现了从一个青涩学生、职场小白，迅速成长为出色管理者的蜕变。

这个案例使我们认识到，在工作岗位上，具备解决问题的能力相当重要。为此只有进行系统的学习和培训，同时也要有更多的实践积累，以现实问题为导向，进行分析、处理，及时总结提高，才能获取更好的工作成效和职业生涯。

数字认知能力实例

刘苗从学校毕业后应聘到餐厅工作。他的第一个岗位是前台接待，在负责接待顾客的同时要统计顾客的流量。刚开始他使用清点人头的方法，进门一人算一个，既费劲又不准确。后来，他发现门口有电子监测，于是每天通过回看电子监测屏进行统计，记录整理出每个时点的客流量，大大提高了工作效率。几个月后，店里引进了打卡式自动计数器，通过计数器及时了解顾客流量和不同时点的变化规律，为餐厅经理进行业务安排提供了准确的依据。

半年后，他又接手供货经理工作，刚接手时由于没有经验，突然在一个时段发生了鸡肉不够，薯条也接不上的情况，导致了服务的忙乱，引起了顾客的不满。接受这个教训后，他在餐厅经理的带领下，对供货一一清点，对照平日和节假日的不同需求，打出一定的提前量和预留量，列出了每周按天安排的供货清单，从而实现了供需的动态平衡，保证了业务的正常发展。

随着能力的提升，刘苗升职做了门店经理。他的体会是，大到每月每年的成本核算，小到兼职工每天的工作时点安排，都需要在数据和量化指标的基础上做出计划，才能保证成本控制、绩效考核和人员劳务安排的科学合理。

通过这个案例我们可以认识到，学习和掌握数字认知能力，是做好工作的基础，也可为职业发展注入新动力。

思考题

1. 简述就业通用能力的宣传内容。
2. 简述培养就业通用能力的主要方式。

培训课程 5 劳务输入输出服务

学习目标

1. 能为劳务输入输出双方沟通对接提供咨询服务。
2. 能按照规定流程为服务对象办理劳务输入输出手续。
3. 能为服务对象提供劳务输入输出相关指导。

学习单元 1　为劳务输入输出双方提供咨询服务

一、劳务输入输出双方沟通对接的工作要求

1. 加强公共就业服务

一方面，要加强人力资源市场网络建设，通过开展劳务信息对接，实现输入输出地网络互连、信息共享，拓宽企业用工和劳动者就业区域，在促进输入输出地就业交流方面更好地发挥作用。另一方面，要做好市场就业服务工作。公共就业服务机构要健全求职登记、职业指导等窗口，充分发挥服务作用，积极为用工单位和求职人员提供就业服务。

2. 建立精准对接机制

输入地要主动与输出地人力资源和社会保障部门、技工院校、人力资源机构开展劳务协作、校企合作洽谈，探索建立长期稳定的劳务对接工作机制。比如，

在输入地设立劳务工作站，分期分批组织输入地企业到劳务输出地区招工，以缓解输入地企业用工紧张的局面。

3. 加大劳动执法力度

建立分工明确、相互配合的管理机制，通过行政、经济、法律等综合手段，督促企业落实劳动保障法律法规，维护企业职工合法权益。以劳动合同管理、工资发放等为重点，加强劳动用工年检和日常巡查工作，形成强有力的劳动保障监管机制，及时预防和处理企业用工方面的违法行为。

4. 加强职业技能培训

要利用输出地各类职业培训机构以及社会培训力量，在输出地建立培训基地，开展"定单式""定向式"和"储备式"培训，把劳动者输入培训与市场需求结合起来。比如，与输入地广东省的"粤菜师傅""广东技工""南粤家政"三大工程融合，有针对性地传授专业技能，培训一大批符合广东省企业需求、具备相应技能的劳动者，"以输出带培训，以培训促输出"。

二、劳务输入输出双方沟通对接的主要方法[①]

东西部扶贫协作工作是党中央、国务院为加快西部贫困地区扶贫开发进程、缩小东西部发展差距、促进共同富裕作出的重大战略决策。西部地区的输出和东部地区的输入沟通对接具有典型性，我们以东西部劳务协作为例来介绍输入输出双方沟通对接的主要方法。

1. 建立合作关系

开展东西部劳务协作的双向交流沟通，为建立劳务合作关系进行准备。协作双方部门之间通过开展座谈会、实地调研、播放宣传片、地方情况介绍等方式，相互了解两地经济基础、社会建设、未来规划等内容，为后续的劳务协作对接奠定基础，搭起交流合作的桥梁。

2. 明确共同目标

输出地的目标是将劳动者转移到输入地，促进输出地劳动者就业、增加收入。输入地政府承担着服务本地企业发展的责任，要为企业提供用工保障。劳动者的输入输出只有满足双方的需求，优势互补，化解用工荒和输出难的矛盾，输入与

---

① 魏在英. 叙永县对接龙游县东西部扶贫劳务协作案例研究［D］. 电子科技大学，2021.

输出才有成功对接的可能性，才能更好调动输入与输出地积极性，促进两地主动进行对接，实现输入输出双赢。

3. 互设劳务站点

输入地在输出地设立劳务协作联络工作点，可以结合输入地企业的需求与输出地的实际情况，针对性地开展政策宣传、岗位信息发布、组织专场招聘等活动，快速将岗位信息传递给输出地劳动者。输出地在输入地设立劳务协作联络点，可以及时掌握输出劳动者的就业情况，为输出劳动者解决工作、生活中的问题，保障输出劳动者的稳定性。

三、劳务输入输出咨询服务的主要内容

1. 政策咨询

面向劳务输出人员、劳务输入地企业和劳务基地提供咨询服务，主要是国家、地区关于劳务协作（劳务输入输出）的相关政策，以及在巩固脱贫攻坚成果和推动乡村振兴战略中加强劳务协作（劳务输入输出）的政策和措施。

2. 信息查询

依托基层公共就业服务机构、劳务工作站、微信小程序等，动态掌握输入地企业需求信息，为劳务输出人员提供劳务输入地企业情况、岗位信息的查询和咨询服务，提供出行指导，介绍相关培训和个人权益保障政策。为劳务输入地企业提供劳务输出地劳动者资源信息查询及咨询服务，提供输入地招工指导，介绍招聘渠道和人力资源信息。

3. 手续办理

为劳务输出人员和劳务输入地企业提供求职（招聘）登记、推荐介绍等手续办理及咨询服务。

四、注意事项

1. 职业指导工作者应掌握输入地与输出地的相关政策，结合两地的政策给予咨询人员更多指导。

2. 输入地与输出地之间要及时传递信息，避免增加劳动者的就业成本，如本地区的疫情防控要求等。

3. 输入地与输出地都应做好转移劳动者的服务保障工作，以保证劳务协作的成效。

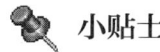 小贴士

　　新冠肺炎疫情防控期间，劳务输入地和输出地可建立联动机制，畅通返岗服务衔接渠道，引导劳动者合理安排返岗时间和交通方式。输入输出地成立"点对点"服务协调小组，通过"点对点"方式开通长途客车、客运专列，实现"出家门上车门，下车门进厂门"。

学习单元2　为服务对象办理劳务输入输出手续

一、输入地企业办理招聘登记的主要步骤

1. 了解输入地企业有关情况

（1）企业资质，即企业营业执照。

（2）所有制性质，即属于国有、集体、股份、私营、外资、合营、个体等。

（3）企业生产经营与工作业务规模的情况。

（4）需求人员的数量、主要专业、工种岗位、学历要求、年龄要求等。

（5）需求专业、工种岗位对应聘人员的从业要求，即身体状况、外观形象、职业素质、基本能力等。

（6）需求人员类型，即应届毕业生、失业人员、退伍军人等。

2. 提供劳务输入输出服务

（1）验证输入地企业合法资格，企业招聘必须持企业营业执照副本及复印件，经营性人力资源机构、劳务派遣机构还须提供人力资源服务许可证或劳务派遣服务许可证。

（2）查验负责招聘人员身份证明，单位负责招聘人员必须持本人或法人身份证明原件及复印件和单位介绍信。

（3）介绍本地区输入输出相关政策，以及本区域劳动者分布、结构、供给和薪资等相关情况。

（4）填写"劳务输入地企业招聘情况登记表"。

（5）指导用人单位编写招聘简章。按单位空缺岗位从业条件要求和本地区人力资源素质的实际状况，提出招聘条件，同时，按该单位的招聘条件，提出拟聘用岗位的工资和各项相关待遇标准。

3. 提供信息查询服务

指导输入地企业利用互联网或人力资源数据系统查询符合招聘条件的求职人员并负责将查询结果打印出来，协助用人单位与查询出来的求职人员取得联系，如果输入地企业委托职业介绍服务机构进行招聘，职业指导工作者还要根据用人单位需要，安排面试。

4. 介绍招聘后续服务内容

（1）为已招聘人员办理招聘备案手续或档案关系、社会保险转移手续。

（2）应聘人员被聘用后，用人单位应与被聘用人员签订劳动合同，为需要将人事档案关系存放在职业介绍服务机构和人才服务机构的求职人员办理档案寄存手续。

（3）对用人单位进行跟踪服务，及时推荐岗位需求人员。

（4）为输入地企业随时提供人力资源和社会保障政策咨询服务。

二、输入地企业办理招聘登记的工作要求和注意事项

1. 工作要求

（1）一定要严格审查输入地企业的营业执照或其他法人资格，必要时需与输入地企业人力资源主管部门核实企业用工情况，避免因虚假的招聘单位信息而使求职人员的利益受到损害。

（2）要向输入地企业介绍本地区劳动者结构、供给、薪酬等情况，为输入地企业拟定招聘简章提供参考。

（3）要向输入地企业介绍劳务输入输出招聘的办理程序，以免发生因材料准备不全或未按程序办事使用人单位多跑冤枉路的现象。

（4）要本着对输入地企业负责的态度做好后续服务。

2. 办理招聘登记的注意事项

（1）劳务输入输出工作必须对供求双方负责，因此，要对输入地企业登记的信息有效期做个限制，一般来讲，有效期为1个月，超过期限，输入地企业需重新进行招聘登记。

（2）一定要向输入地企业申明，在服务期内，如遇招聘内容变更等，应及时与职业介绍服务机构联系，以便更好地为输入地企业和输出地求职人员服务。

（3）要告知输入地企业在规定的期限内（一般为10个工作日）将招聘结果反馈给职业介绍服务机构。

三、输出地办理求职信息登记的工作要求和注意事项

1. 工作要求

（1）为求职人员提供求职途径、基本求职方法、相关表格及简历的填写、面试注意事项等职业指导，同时提供本地区职业供求现状与发展趋势分析、就业岗位信息、职业技能培训、相关劳动就业政策的咨询服务。

（2）在求职人员进行求职登记后，建立求职人员信息档案，录入人力资源市场数据库系统或公共就业服务数据系统。

（3）在求职人员基本信息进入人力资源市场数据库系统或公共就业服务数据系统后，建立求职人员"跟踪指导档案"或相应的跟踪指导记录，实施必要的跟踪指导与即时服务。通过求职人员提供的联系方式，定期为其提供一定数量的就业岗位信息。

（4）为求职人员提供一定时间的跟踪服务后，求职人员仍未实现就业的，应及时与求职人员联系，并重新提供服务。

2. 办理求职登记的注意事项

（1）受理求职人员登记时，要注意其身份证、相关技能证书的真实性和有效性，要对人力资源和社会保障部要求的须持职业资格证上岗的职业有一般性了解。

（2）熟练掌握"劳务输出地求职人员登记表"的主要内容，其中：姓名、身份证号码、联系电话、求职意愿为主要填写指标。

（3）求职登记内容中有较多涉及求职人员个人隐私资料，在征得求职人员同意后，相关资料才能进行求职推送或对外发布。

（4）要有高度的服务意识，掌握各项劳动就业政策和人力资源市场职业供求信息，自觉应用职业介绍服务的各种知识、方法，为求职人员提供服务。

（5）随时与求职人员保持联系，了解求职人员的就业状况，并及时调整和更新数据系统、信息发布电子设施的内容。

四、劳务输出地求职人员手续办理

1. 劳务输出地求职人员登记表的基本内容（见表3-3）

表3-3　劳务输出地求职人员登记表

编号：　　　　身份证号：　　　　　　　　填表时间：　　　年　　月　　日

姓名		性别	□男　□女	身高		出生年月		照片
文化程度		□硕士以上　□本科　□大专　□中专　□其他						
婚姻状况		职称级别			职称类别			
毕业学校类别		□普通院校　□成人院校　□党校　□自学考试　□其他_____						
毕业学校					专业			
毕业时间			工作时间		职业技能等级证书_____			
户口性质		□非农　□农业　□其他_____						
籍贯			政治面貌					
本人类别		□应届毕业生　□待业　□在职　□辞职　□自动离职　□退休　□其他_____						
通信地址					计算机水平			
联系人			电话		邮编			
求职意向		地区要求：□市外　□省外　□其他_____ 食宿要求：□免费食宿　□免费工作餐　□免费住宿　□自行解决 薪资要求：□_____元　□面议 □其他要求_____						
胜任专业或岗位								
特长类别								
主要学习或工作经历情况	起始时间		结束时间		工作单位（学校）		工作岗位及内容（所学专业）	

（1）个人基本情况。填报求职登记个人基本情况时，主要包括姓名、性别、出生年月、婚姻状况和联系方式等相关内容。此外，还需要注意准确填报户口性质、政治面貌等相关内容，明确求职人员身份类别，便于下一步为一些特殊就业

群体开展更为精准的服务。

（2）技能水平情况。主要分为四个方面：

1）知识文化方面，包括文化程度、毕业学校、专业和毕业时间等。

2）专业技能方面，包括职称类别、职称级别、技术等级、职业资格等。

3）其他通用技能水平方面，包括普通话水平、计算机水平、外语水平等。

4）特长优势方面，包括艺体、美术、书法、写作等特长。

（3）职业经历情况。主要包括重要的学习经历和职业工作经历，重点填写对意向岗位有影响或有关联的学习和工作经历。

（4）求职愿望。求职愿望是岗位匹配和岗位推荐的重要信息依据，特别是对"工作地要求"的填写，是劳动输出对接的主要依据，应指导求职人员规范、准确填写。

2. 劳务输出地求职人员登记填报主要步骤

（1）检验证件。对于求职人员，要检验其身份证、毕业证、职业职称、职业资格证、技术等级证等相关证件。

（2）填写表格。向求职人员发放"劳务输出地求职人员登记表"，并告知其填写方法。

（3）检查表格。这是很重要的一个环节，可以从三个方面检查：一是查看字迹是否清晰；二是查看主要信息指标是否填写正确；三是查看表格中是否有遗漏。如果发现错误或遗漏，要及时纠正、补充。

（4）录入系统。将求职人员填写的表格信息如实地录入人力资源市场数据库系统或公共就业服务数据系统。

学习单元3　为服务对象提供劳务输入输出指导

一、劳务输入输出的常见问题

1. 输入地企业缺乏招聘渠道

由于输入地企业在输出地缺乏工作基础，对输出地的情况不了解，缺乏在输出地的招聘渠道，如果自行招聘，不仅会增加企业的成本，还可能没有效果。

2. 输出地劳动者缺乏外出意识

部分输出地劳动者长期在本地生活,缺乏对输入地的了解,长期在农村生产生活,难以适应城市生活和企业生产,此外劳动者还可能需要照顾家庭,导致外出就业的准备不足,外出务工后很难留住。

3. 输出地劳动者缺乏文化技能

输出地劳动者对输入地岗位信息不了解、不掌握,容易造成盲目外出;部分劳动者文化技能不足,不能适应输入地企业的需求。

二、为劳务输入地企业提供指导

1. 协助企业自行招聘

依据企业需求,选择恰当的招聘渠道进行自行招聘。例如,到贫困地区广泛宣传企业招聘信息,通过当地宣传栏或在群众较密集的地方张贴招聘海报等方式进行广泛宣传。企业招聘人员也可深入贫困地区进行现场招聘、面试,为求职人员解答咨询,直接办理招工事宜。职业指导工作者可以根据企业需求予以协助。

2. 指导企业与政府、学校和中介机构合作招聘

指导企业通过与政府、学校和中介机构合作招聘的方式,到经济发展相对落后而劳动者密集的地区选拔员工,这样既提高了求职人员的匹配度,又节省了用工成本。

(1)与政府合作招聘。主要有两种方式:一是向当地人力资源社会保障部门、就业服务机构等政府部门寻求帮助,由当地政府协调或牵线进行招聘;二是通过当地政府部门与欠发达地区建立长期稳定的劳务合作关系,长期定向对该地区提供岗位需求信息,保证稳定的用工来源。

(2)校企联合招聘。主要有两种方式:一是与当地学校就业部门联系,参加学校毕业季的"双选会",或单独安排招聘;二是与当地对口的技工院校、职业学校建立委托培养机制,长期大批量地吸纳学校的人才输出,以满足企业对特定人才的需要。

(3)与中介机构合作招聘。与欠发达地区的劳务市场、劳动中介机构、劳务派遣机构等合作,通过他们开辟新的招工渠道。

3. 依托本地劳务经纪人招聘

指导企业在具备劳务输出条件、劳动者资源丰富的地区,依托本地劳务经纪人(一般是本地有影响力的人士),签订人才代理招聘协议书,将一定的酬劳支

付给协议方。这种方式一方面可以节省人力、物力，另一方面可以利用本地人员"地缘、人脉"资源比较熟悉的优势特点，通过互惠互利的方式，在规定的时间内，按照协议的内容要求（性别、年龄、学历、特点等），帮助企业找到合适的用工人员。

（1）建立合作信任关系。通过合作双方的相互考察了解，建立企业与劳务经纪人互为信任的合作关系，应从两个方面入手。一是企业对劳务经纪人的信任，企业可以通过联系当地政府获取信息，通过走访、试用、绩效考核等考察方式，逐步建立对劳务经纪人的信任。二是劳务经纪人对企业的信任，企业可以通过邀请劳务经纪人或部分经纪人代表定期到用工企业进行实地考察，让经纪人更多地了解企业实际情况，树立对企业的信心和信赖感，从而达成双方相互合作的招工目的，更尽心尽力地为企业招到工、招好工，满足企业用工需求。

（2）预付定金，先行约定。企业通过劳务经纪人事先收集劳动者资源信息，掌握有务工意愿的劳动者信息，提前支付一个月或半个月的薪酬定金，事先约定使用。有了支付薪酬定金的约定和劳务经纪人的实时沟通联络，就可以避免拟招聘人员临时有变故或者被其他单位抢走。

三、为劳务输出地求职人员提供指导

1. 意识观念的指导

（1）就业观念的指导。帮助劳务输出地求职人员破除封闭意识和小农意识，树立转移就业就是脱贫致富的重要途径意识，同时帮助求职人员了解职业，认识自我，避免盲目就业。

（2）输出方向指导。帮助求职人员了解国家和各地区的就业形势，输出地域、行业、职业和岗位情况，以及输出地域人力资源供求状况。

（3）政策法规指导。帮助求职人员了解鼓励农民工转移就业的各项优惠政策、社会保障相关政策法规以及劳动权益保护相关政策法规。

2. 入职培训的指导

（1）引导性培训。帮助求职人员树立做城市文明居民的观念，引导求职人员自觉遵守道德规范、法律法规。向求职人员介绍城市生活基本常识，帮助他们掌握日常生活事务处理方法。

（2）业务性培训。指导求职人员学习基本职业常识；协调用人单位或相关机构一线工作人员开设培训班，提前对求职人员培训岗位对口的专项技术技能。

3. 信息服务的指导

（1）需求信息收集。了解企业用工信息，用人单位工作环境、劳动合同执行状况等内容，规避企业不合法用工。

（2）就业信息指导。了解输入地人力资源供求信息状况，工资指导价位等信息，定位就业方向及工资期望。

（3）信息获取与甄别技术指导。了解获取岗位信息的一般途径和方法，掌握通过公共就业服务获取信息的途径和方法以及甄别虚假信息的方法和手段。

四、注意事项

1. 依据企业战略目标，做好到欠发达地区招聘的规划工作，着重规划出短期人力资源需求计划和中长期人力资源储备计划。

2. 招聘人员的素质非常重要，应对本企业非常了解，要诚恳、热情、富有同情心。

3. 招工绝不能只求数量，要按照企业的用工条件和岗位要求，确定详尽的招工条件，把好用工质量关，避免滥竽充数，影响岗位的工作质量。

4. 对劳务经纪人既要充分信任，发挥其主观能动性，也要注意资金的安全性。当涉及预付人员薪酬的问题，要完备相关的财务及账目收支手续，做到资金专款专用、可靠、安全，避免发生钱拿走了人却找不到的问题，给企业造成经济和用工的双重损失。

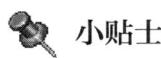 小贴士

指导外出务工人员做好五项心理准备

一、树立正确的就业观

任何事情都有两面性，外出务工并非完全理想化，在得到较高收入的同时，也要承受各种压力和艰辛。外出务工人员要把自己的职业期望值调整得合乎实际，切不可太高、太理想化。在出行前，必须做好思想准备，尽快调整心态。

二、分析可能遇到的困难

外出务工是依靠自己的劳动和智慧改善自己的经济收入和生活条件。在

外出前，必须认清楚外出打工存在激烈的竞争和各种挑战。外出务工常常会遇到居无定所、劳动强度和精神压力大、孤立无援等困难，外出务工人员要有充分准备。只有做好吃苦耐劳、承受艰难生活磨炼的准备，才能在外找到工作并坚持下去。

三、强化经受挫折困难的韧性

务工人员在外出就业工作上遇到挫折是不可避免的，这时不要怨天尤人，要拿出不服输的韧劲儿，开动自己的脑筋或者咨询他人，做好战胜困难的准备，在坚持中找到新的出路。

四、做好虚心学习的准备

在外出务工前，务工人员要做好"活到老、学到老"的准备，虚心地向所有人学习，不仅需要学习和掌握工作岗位所需要的操作技能，遵守用人单位制定的规章制度，同时要了解和适应其他城市的生活方式和行为规范，只有这样，才能以更快的速度融入城市的工作和生活。

五、学会自我调整心理状态

在繁华的城市中，会有很多对异地务工人员（尤其是农民工）的歧视和不公，这往往会造成巨大的心理冲击，导致务工人员气愤不平或妒忌他人。因此，对自身、他人和周围环境保持平常心是很必要的。在遇到歧视的时候，既要自尊，不自暴自弃，也要激发自己努力奋斗，调整好情绪，必要时运用法律维护自身权益。

思考题

1. 简述劳务输入输出沟通对接的工作要求。
2. 简述劳务输入输出沟通对接的主要方法。
3. 为输入地企业办理招聘登记的主要步骤有哪些？
4. 简述劳务输出地求职人员登记填报的主要步骤。
5. 结合实际，分析目前劳务输入输出工作中常见的问题有哪些？
6. 结合实际，谈谈如何对劳务输出地求职人员进行求职指导？